実践から学ぶ 地方創生と地域金融

山口省蔵
江口晋太朗 著

学芸出版社

はじめに

　本書は、地域金融機関が企業や行政と連携して取り組んだ地方創生の実践事例を紹介・解説するものである。読者として想定しているのは、地方創生のための事業を支援していこうと考える地域金融機関や、地域が抱える課題解決に向けた事業を新たに展開しようとしている企業、そしてそれを支える行政のそれぞれに携わる方々である。

　地域金融機関は、長期的な収益減少の途上にある。関係者の多くが「このままでは、将来生き残れない」と心配している。この問題の本質は、多くの地域金融機関が「昔と同じことをそのまま続けている」ことであり、「新しい価値を提供できていない」ことにある。

　本書が取り上げた事例の多くは、従来の金融サービスの枠を超えた地域金融機関の「挑戦」である。「挑戦」は、金融機関にとって不得意なことの1つだ。なぜなら、金融機関の経営において最も大切なのは「信用」であり、それは「安心・安全」がベースとなるからである。本書で取り上げた事例には、一定の成果がみてとれるものがある一方で、なお途上のものもある。あるいは、もしかしたら将来的には「失敗」するものもあるかもしれない。しかし、根本的な「安心・安全」を脅かさない範囲で、「失敗」を許容する新たな挑戦を試みない限り、地域金融機関に未来はない。

　金融機関が関わる地域活性化の実践例を調べていくと、金融機関が活用している機能は「資金」よりもむしろ「ネットワーク」だった。地域金融機関は、地域に根差す多くの主体を取引先に持っている。また、常日頃から事業者がどれくらいの事業能力を持っているかについて、見極めようとしている。金融機関であるならば、新たに地域事業を行う際、足りないリソースがあったとしても、それを埋めるための候補先を見つけ出すことができる。つまり地域金融機関は、地方創生事業のコーディネーターに適した能力を持っているのだ。

　しかし最大の問題は、金融機関自身が自分たちの持つその能力に、本当の

意味で気づいていないことである。ほとんどの金融機関において、連携支援サービスを組織全体に展開する体制は整っていない。多くの金融機関においては、今なお「融資の依頼に対して審査して貸す」という従来型の金融サービスが主役であり、ネットワークを活用した新たなサービスは補助的な位置づけとなっている。このため、地域プロジェクトを支援する取り組みの多くは、課題解決の思いを持った一部の "熱い金融マン" の働きに負っているのが現状である。

　企業や行政が新たな地域プロジェクトを推進しようとするとき、従来、金融機関に期待するものは資金 "だけ" だった。しかし、本書を読んでもらえば、資金の相談のみではなく、金融機関が持っているネットワークこそ活用すべきことが理解できると思う。もちろん、金融機関の多くがまだそうした連携支援のサービスを組織的には展開できていなかったり、金融マンの多くが先例のない新たな取り組みに慎重であったりするなど、課題は少なくない。

　しかし、日本には 100 以上の地域銀行、250 以上の信用金庫、150 近くの信用組合がある。これに加えて、公的金融機関が全国に展開している。地域で相談できる金融機関は 1 つではない。さらに、本書に登場するような、従来の業務の枠を超え、地域経済の閉塞感を打ち破ろうとする金融マンも少しずつ増えている。新たな事業に情熱を持った企業や行政の方々が、本書の事例を参考に、相談できる意欲的な金融機関や金融マンを探し続ければ、めぐり合うことはできるはずである。

　今後は、脱・従来型の地域金融機関が企業や行政と連携することが、地域に持続可能な経済循環を生み出していくための標準モデルとなるだろう。将来、このモデルに関し、数多くのケーススタディ書が出版され、本書がそのうちの「最初の 1 冊」であったと振り返られる時代が来ることを期待している。

　本書の構成は以下のようになっている。

　前半の「プロジェクト紹介編」においては、金融機関が企業や行政と連携して行ってきた地方創生の先駆的事例（Case）11 件を、5 つの視点（Scene）に分類して紹介した。間に差し挟まれている「Keyword」は、登場する各

事例に関連したキーワードについての概説であり、「Column」は事例から派生させた時事や話題について理解を深める読み物である。また、後半の「金融トピックス解説編」は、本書で取り上げた事例に関係する金融の専門知識を、5つの話題（Topics）に分けて初心者向けに解説したものである。

　最後に、執筆者と執筆分担について触れておきたい。

　本書は、地域と金融の新しいあり方に関心を持つ2名による共著である。筆者（山口）は、日本銀行において金融機関の機能向上の支援に従事したのち独立し、金融機関向けのコンサルティングを手掛けている。もう1人の著者である江口晋太朗氏は、東京に拠点を置きつつ全国の地域活性化プロジェクトを多数取材・執筆し、時にコンサルタントや地域プロデューサーとして参画している。本書は、金融とまちづくり、それぞれ異なる入口から穴を掘っていた2人が、金融が媒介する地域連携モデルの探求という点において一致し、担当編集者である学芸出版社の松本優真氏を交えて議論・取材を重ね、そのケーススタディを共同の成果としてまとめあげたものになっている。

　なお、ネットワークの活用による金融機関の新たなビジネスモデルづくりに関心を抱く山口と、地域住民と企業・行政等が連携した事業における金融機関の役割に注目する江口では、金融・企業・行政の連携を捉える視点に違いがあることも事実である。したがって、各事例を紹介する際の視座や語り口には、それぞれの個性の違いが表れている。山口が執筆した事例では、金融機関を主体とした視点が強く出ているし、江口が執筆した事例では、行政や企業の視点を含めてバランスを取った書き方となっている。こうした個性は、文章の熱量と関係する部分でもあるので、最終的にはそのまま活かすことにした。

　なお、それぞれの主な執筆担当部分は以下に示す通りである。

　山口：Case 1・2・4・7・9・10・11、Topics 全編
　江口：Case 3・5・6・8、Keyword 全編、Column 全編

　2020 年 8 月吉日

　　　　　　　　　　　　　　　　　　　　　　　　　山口省蔵

目次

プロジェクト紹介編

金融トピックス解説編

プロジェクト紹介編

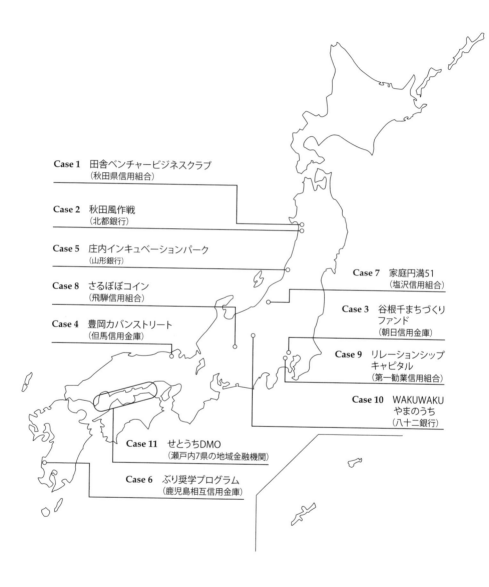

Case 1 田舎ベンチャービジネスクラブ
（秋田県信用組合）

Case 2 秋田風作戦
（北都銀行）

Case 5 庄内インキュベーションパーク
（山形銀行）

Case 8 さるぼぼコイン
（飛騨信用組合）

Case 4 豊岡カバンストリート
（但馬信用金庫）

Case 7 家庭円満51
（塩沢信用組合）

Case 3 谷根千まちづくり
ファンド
（朝日信用金庫）

Case 9 リレーションシップ
キャピタル
（第一勧業信用組合）

Case 10 WAKUWAKU
やまのうち
（八十二銀行）

Case 11 せとうちDMO
（瀬戸内7県の地域金融機関）

Case 6 ぶり奨学プログラム
（鹿児島相互信用金庫）

Scene **1**：地域資源を発掘・活用する

田舎ベンチャービジネスクラブ

行き詰まる事業者の連携と6次産業化を主導
信用組合のリーダーシップ
—— 秋田県信用組合

1 │ 信用組合の音頭で発足した起業家勉強会

　秋田県内には25の市町村がある。このうち、県庁所在地の秋田市をはじめとした24の市町村が「消滅可能性都市」（2010年から2040年にかけて、20〜39歳の若年女性人口が5割以下に減少する市区町村）とされている。25市町村のうちの24市町村である。これでは、秋田県自体が消滅可能性県ということになる。ちなみに、県内市町村のうち、唯一消滅可能性都市を免れたのが人口約3,000人の大潟村だ。大潟村は、戦後に八郎潟を干拓してつくられた村である。ここで農業を志す人が全国から募集され、昭和40年代に入植が進み、村の基盤がつくられた。秋田県外からやってきたチャレンジャーたちが米作で育てたこの新しい村だけが、県内において生き残ることができる、と考えられている。

　逆説的ではあるが、秋田県の現状の危機は、その昔、経済的に豊かであったからだという見方もある。近代以前の日本における生産力の源泉は米作で、秋田県はそれに適していた。広い平野、豊富な水資源、夏の日照時間といった優位な条件が整った日本有数の米どころである（都道府県別の米の産出額において、秋田は新潟県、北海道に次ぐ3位）。また、米作は戦後の日本の農業政策においても米価が高く維持されるなど、大きな保護を受け続けた。「この恵まれた環境が、新たな事業、産業を生みだす危機感を失わせた」と秋田県信用組合の理事長である北林貞男氏は言う。

　地域金融機関は地域と命運を共にする。自分たちの地域がなくなれば、自

分たちもなくなる。人口減少によって衰退しつつある秋田で、そうした強い危機感を持った金融機関の1つが秋田県信用組合だった。金融機関の多くは、企業の資金繰りの課題に応じて融資を行ってきた。従来、金融機関は企業からの相談を待っていればよかった。しかし、その企業が減っていくなかで、北林氏は「金融機関自らが産業を育てる必要がある」と言う。

これを実現するため、2010年、秋田県信用組合は、第二創業等を検討している取引先企業を集め、「田舎ベンチャービジネスクラブ」を設立した。そして、1年間にわたって毎月、事業者であるメンバーと共に新事業に向けた勉強会を行った。そのなかで、秋田県信用組合は農業等の1次産業を中心とした様々な新規事業を提案した。秋田では、人口の減少とともに耕作放棄地が増えていた。その再利用と新規事業を結びつけて考えると、まずは農業分野での展開が有力ということになったのである。

田舎ベンチャービジネスクラブには、建設会社の経営者が何人か参加していた。参加する建設会社の財務状況は悪くはなく、無借金企業もあった。しかし、危機感を持っていた。ちょうど民主党政権の時期で、「コンクリートから人へ」の謳い文句の下、公共工事が激減していたからだ。そこで、使われずに置かれていた建設機械の活用も兼ねて「これで畑を耕したらいいのではないか」という話が持ち上がった。

2 ｜ 建設業者による農業法人の設立とにんにくの6次産業化

田舎ベンチャービジネスクラブに参加する建設会社数社を中心に、農業での新事業参入の検討が始まった。そこで「にんにくはどうか」という話になった。にんにくは、家庭菜園でも栽培されるなど育てやすい（**写真1**）。しかも、寒い場所ほど品質がよくなる。それは、青森県がにんにくの名産地であることでも分かる。「にんにく栽培は秋田県の気候に向いている」（北林氏）と考えられた。

2011年3月、建設会社3社によって、にんにくを作る農業法人、株式会社しらかみファーマーズが設立された。

日本で売られているにんにくの8割は中国やスペインなどの海外産である。なぜなら、海外産にんにくの価格が圧倒的に安いからだ。しらかみ

写真1　にんにく栽培の様子
(提供：しらかみファーマーズ)

　ファーマーズの面々は、最初に栽培したにんにくの販売を交渉したとき、卸業者から10tトラック1台分を「7,000円」と言われて愕然とした。卸業者はこう言ったという。

　「秋田はにんにくの産地ではないでしょう」

　青森のようにブランドが確立した産地のにんにくなら、高く買える。しかし、秋田のにんにくはそうではない。競争相手は海外産となり、買い叩かれてしまう。これではビジネスにならなかった。

　地元の建設会社を経営するとともに、しらかみファーマーズの社長を兼ねることになった小林郷司氏は、「建設業は積算で価格が決まる世界でした。農業は、かけたコストとは関係なしに相場に翻弄される世界であることを思い知らされました」と話す。

　この問題に対し、しらかみファーマーズと秋田県信用組合は、6次化による高付加価値戦略を検討した。そしてにんにくを発酵させて「黒にんにく」にし、自らの手で消費者に販売しようと考えた。黒にんにくは、甘いフルーツのような味わいになる。しかも、発酵するとにんにくに含まれるポリフェノールは20倍になる。元来身体に良いとされているにんにくが、さらに健康食品としての価値を高めるわけである。しかし、この黒にんにくの発酵・熟成の技術については、分からないことが多かった。

　この時、秋田県信用組合のネットワークが活きた。地域金融機関のネットワークは、地元の預金者や事業者に対するものだけではない。地域金融機関同士のネットワークもあるのだ。

　信用組合であれば、全国の信用組合が仲間である。一般的に信用組合同士や信用金庫同士は関係が良好だ。地域銀行は営業エリアに限定がないので、

隣接する都道府県の地銀と熾烈なライバル関係となる場合が多い。信用組合や信用金庫は、営業エリアが限定されているので、互いにライバルになることが少ない。

写真2 「白神フルーツ黒にんにく」のパッケージ
(提供：秋田県信用組合)

　北林氏は、青森県信用組合の理事長に、黒にんにくの加工について教えてくれる生産者の紹介を依頼した。それに対し、青森県信用組合が一肌脱いでくれた。秋田県信用組合が引き連れる形で、しらかみファーマーズは、青森で黒にんにくの加工を行う事業者の設備視察を行うことができた。

　ブランド化するため、商品名にもこだわった。かくして完成したのが、「白神フルーツ黒にんにく」(写真2) である。現在、白神フルーツ黒にんにくは1袋100gが700円以上で販売されている。かつて10tで7,000円と言われた秋田のにんにくは、10tなら7,000万円以上と1万倍の価格になったのである。しらかみファーマーズは、3期目となった2014年には売上が1億円を超え、黒字化に成功した。

3 ┃ 信用組合による生産・販路開拓支援

　にんにくは、10〜11月に植えると春に芽が出る。冬の寒さがにんにくを甘くするとされ、「寒じめ」と呼ばれている。収穫期は6月だ。

　にんにくの植付けや収穫は短期集中型の作業であり、毎日50人以上の人手が必要となる。これらの時期、秋田県信用組合に所属する約15名の職員が、「農業体験研修」として無償で作業を補助している。

　「秋田はにんにくの産地ではないでしょう」という言葉は、関係者の心の中に残っていた。産地として認められれば、にんにくの価値が上がることが分かった。産地になるためには、生産者が増える必要がある。秋田県信用組合は、田舎ベンチャービジネスクラブにおいて、にんにく栽培講習会を開催した (図表1)。

　また、県も動き出した。2014年に始まった秋田県の園芸メガ団地整備事

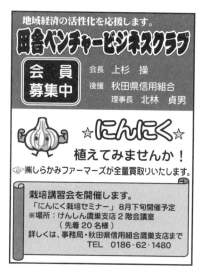

左：図表1　田舎ベンチャービジネスクラブの広報
チラシ（提供：秋田県信用組合）
上：写真3　首都圏（第一勧業信用組合・秋葉原）
での物産展（提供：秋田県信用組合）

業の対象に、県北部での「にんにくメガ団地」構想が取り上げられ、1億円
以上の規模で種子や機械・施設に助成が下りることになった（にんにくメガ
団地への実際の着手は2018年度）。さらに、2018年6月には、「秋田県に
んにく生産者協議会」が発足した。ここで、耕作面積の大幅な拡大が計画さ
れた。

　秋田県信用組合は、支店の店頭等を含め様々な場所で物産展を開いて、に
んにくの販売を支援した。また、信用組合のネットワークも活用した。全国
の信用組合の役職員にダイレクトメールを発送したところ、広島市信用組合
からは大量の購入依頼が寄せられた。茨城県信用組合は、茨城県内にチェー
ン展開しているスーパーマーケットのセイミヤを紹介してくれた。東京の第
一勧業信用組合は、「地方各地の良いものを一大消費地である東京で売ろう」
という「地産都消」を推進している。そのために、「地方の信用組合と第一
勧業信用組合とのネットワークを活かそう」と呼びかけていた。秋田県信用
組合は、にんにくの販売にこの第一勧業信用組合との連携も活用した（**写真
3**）。

　物産展でにんにくを売っているのは、秋田県信用組合の職員である。首都
圏で物産展が開催される際には、秋田県信用組合の職員が、秋田を代表す

る「なまはげ」に扮して登場することもある。にんにくを売る職員は、農業体験で栽培にも関与している。「私がつくったにんにくです」と言って売る。秋田県信用組合の職員は、にんにくをつくることや売ることの苦労を味わうとともに、自分がつくったものを自分で売ってお客に喜ばれることの嬉しさを味わっている。そして、職員の多くが「秋田の将来のために新産業を育成している」という気概を持っているのである。

しらかみファーマーズの小林氏は、「県外事業者の黒にんにく設備の視察も、首都圏での物産展も、地元で仕事をしている建設会社では対応できませんでした。県外にネットワークを持つ信用組合さんがいなければ、辿りつけない部分です。それだけでもありがたい上に、植え付けや収穫の手伝いまでやってもらって頭が下がります」と話している。

4 どじょう養殖への参入と生産者協議会の設立

1次産業での新事業展開はにんにくだけではなかった。2012年秋、秋田県信用組合の取引先1社が、どじょう養殖事業への参入に向けた初期投資資金を相談するために秋田県信用組合の田代支店に相談に来た。

北林氏は「その話を聞いてピンときました」と言う。かつて秋田では、家庭でどじょうを食べるのが普通の光景だった。どじょうの養殖は、「ミネラルを含んだ白神山地や鳥海山の伏流水」と「余っている耕作放棄地」といった秋田の資源を活用した事業になる、と北林氏は感じた。北林氏は自ら事業者を訪問し、事業計画を聞いたうえで考えられる限りのアドバイスをした。また、田舎ベンチャービジネスクラブで実施していた起業研究において、耕作放棄地を活用したどじょう養殖を提案した。この結果「田舎ベンチャービジネスクラブ」の会員企業から、どじょう養殖に参入する先が出てきた。

参入先が増えてきたところで、2014年12月に「秋田どじょう生産者協議会」を設立し、秋田県信用組合が事務局となった。事業者が1人で悩みを抱えるのではなく、関係者全員で知恵を出し合うためである。また、にんにく同様に、産地化の流れをつくるためでもあった。

秋田のどじょうの品質を高めブランド化するためにも、生産者全体の連携が必要であった。「トキが絶滅したのは、田んぼのどじょうが農薬に汚染さ

上：写真4　どじょう養殖のようす
右：図表2　「秋田どじょう」の安全・安心宣言のチラシ
（提供：秋田県信用組合）

れていたからだ」と言われていた。秋田のどじょうをブランド化するために
も、伏流水等の清らかな水だけを使った養殖でなければならなかった（**写真
4、図表2**）。

　生産者協議会設立当初、どじょう養殖事業者は6社集まった。その後の
秋田県信用組合による生産者拡大の働きかけもあって、現在は9社となっ
ている。養殖事業への新規参入を図る事業者へは、当然ながら秋田県信用組
合が事業化資金（工事費や稚魚購入などの初期投資費用）を融資している。

5 ｜ 地域ブランド化と生産体制の整備

　北林氏は、にんにくと同じように、どじょうをブランド化する必要がある
と考えた。そこで、「日本のふるさと　秋田どじょう」、「水土里を育む秋田ど
じょう」の2つの商標を秋田県信用組合自らが登録した。

　にんにくの場合と同様に、信用組合のネットワークも活用した。2014年
11月に開催した全国の信用組合が連携する「しんくみ食のビジネスマッチ
ング展」に、東京のどじょう専門店を招いた。浅草の老舗どじょう料理店で
ある飯田屋の専務である飯田唯之氏は、秋田のどじょうを一目で気に入った
という。飯田屋だけで年間3t以上の販路開拓になった。

　「飯田さんからは、今の量では足りない。もっと、どんどん持ってきてく

写真5　太陽光発電によるどじょう養殖設備
（提供：秋田県信用組合）

れ」と言われました（北林氏）。

　問題は、どじょうの安定供給であった。特に冬場は水温が下がってしまって、どじょうが育たない。また、寒いとどじょうが泥にもぐってしまう。ここで取り出す手間をかけてしまうと、まったく儲からない。安定供給のためには、水温20℃を保つ必要がある。低価格のボイラーを調達したり、温泉を利用したりして、冬場の供給量の維持に努めた。2020年には、太陽光発電の電気を熱源とすることによって、通年出荷の見通しがついた（**写真5**）。太陽光発電を活用した養殖どじょうには、「太陽光発電どじょう」という名称をつけた。

　一方、原価も問題であった。東京でのどじょうの卸価格は、3,500円/kgである。この価格で、輸送費がかかる東京に卸すと大赤字であった。またそもそも、どじょうの稚魚を仲買人から購入すると、1,500〜2,000円/kgもかかる点が最大の問題であった。

　秋田のどじょう関係者は、稚魚の購入コストの問題に対処するために、自分たちでどじょうを孵化させる方法を研究することにした。秋田県の水産振興センターの協力を得て、2018年6月には稚魚の人工孵化に成功した。

　さらに、餌代の節約にも取り組んだ。秋田県信用組合は、飼料の仕様に関し、どじょう養殖事業者からの意見をとりまとめ、飼料メーカーに働きかけた。この結果、従来よりも安価なうえに、どじょうの消化を良くするクマザサパウダー（熊笹は秋田に多い）の入った専用エサが開発された。

　さらに、秋田県信用組合は、どじょう養殖業者それぞれの養殖方法を独自

に調査した。そして、最も効率的な養殖を行っている事業者の手法を分析し、養殖工程基準（単位当たりの養殖数量・エサの投与量などを標準化したもの）を設定した。これにより、どじょう養殖のノウハウが、産地を目指す秋田の事業者全体で共有できるようになった。また、大口顧客である飯田屋から「秋田のどじょうは、大きさがバラバラで困る」と注文が付くと、秋田県信用組合は即座にどじょうの選別箱を購入し、生産者に寄付した（**写真6**）。

　そもそも、東京に持っていくよりも、地元の秋田に卸した方が単価も高いうえに輸送費がかからない。どじょうを秋田名物の1つにするためにも、地元での販路拡大を図る必要がある。この観点から、秋田県信用組合は2015年8月以降、県内の飲食店関係者を集めた試食会を4回開催している。北林氏は、秋田にどじょう専門店や加工品の販売店を増やし、「秋田をどじょう文化が楽しめる観光地にする」ことを今後の目標に掲げている。

　杉沢勝博氏は、秋田県信用組合のサポートによってどじょう養殖に参入した事業者の1人だ。もともと設備工事の仕事をしていたが、最初にどじょう養殖に参入したマツタ食産の設備工事を請け負った際にどじょう養殖について知り、自らもどじょう養殖に参入したのである。杉沢氏は先述の太陽光発電どじょうを手がけている。「秋田県信用組合には、東京など都市部の出荷先の確保や他県の事業状況の見学などを手配してもらっている。こうした取り組みは、我々事業者だけではできない」（杉沢氏）。

6 | 産業振興につなげる地域金融機関のリーダーシップ

　金融機関の多くが取引先企業をメンバーとしたビジネスクラブを組成している。しかし、そのほとんどは講演会の開催や会報の発行などによる情報提供が主となっており、それをどう活かすかは会員企業次第である。しかし、田舎ベンチャービジネスクラブは、金融機関のビジネスクラブのなかでは珍しく、当初から会員企業の第二創業を目的としていた。このため、会員資格には秋田県信用組合との取引があるだけではなく、「事業拡大もしくはニュービジネスを検討中であること」が条件となっていたし、クラブ内での勉強会も起業研究が中心であった。

　起業研究において、秋田県信用組合が提示してきた様々な事業のなかに、にんにく栽培とどじょう養殖があった。そして、にんにく栽培もどじょう養殖も取り組みが軌道に乗り、「産地としての供給量」を問われることになった結果、いずれも個別の起業にとどまらず、生産者協議会を設立するまでに至った。言わば、産業を興すまでのフェーズに進展したのである。地域金融機関がリーダーシップを発揮すれば、新産業の開拓すら可能になることを示す好例と言えよう。

秋田風作戦

厄介な気候条件を資源に転換
地銀が主導した冒険的な発電事業
―― 北都銀行

1 │ 経営難にあった地域金融機関の意識改革

　日本は、先進国の中で最初に少子高齢化の問題が表面化した国の1つである。特に地方部の衰退は、人口減少と高齢化の影響が大きい。この難題に最も直面しているのが秋田県である。例えば、2007年から2017年までの人口増減率を都道府県別にみたとき、秋田県は最下位に位置する。1956年の約135万人がピークだった県内人口は、すでに100万人を割り込んでいる。また、高齢化率（65歳以上の人口構成比）を都道府県別にみた場合でも、最下位は秋田県である。秋田県の人口減少が他の県よりも大きい原因は、低い出生率等による自然減ではない。人口流出による社会減である。若者の雇用を吸収できる事業、産業に乏しいことが考えられる。

　こうした秋田県の危機的な状況に対して、従来の金融サービスの枠を踏み越えた取り組みを行ったもう1つの金融機関として、北都銀行が挙げられる。秋田県信用組合（Case 1）の着目した地域資源が「耕作放棄地」であったのに対し、北都銀行が着目した地域資源は「風」であった。

　北都銀行は、2008年3月期にリーマンショックの影響を受け、赤字に陥った。2009年10月には、荘内銀行と経営統合を行うために、新たに設立された持株会社である株式会社フィデアホールディングス（フィデアHD）の子会社になった。統合比率は、フィデアHD：荘内銀行：北都銀行＝1：1：0.15である。すなわち荘内銀行の株主が、従来の同行の株式1株につき新会社であるフィデアHDの株式を1株もらえるのに対し、北都銀

行の株主は、従来の株式1株につきフィデアHDの株式を0.15株しかもらえないという厳しい条件だった。2010年3月には、フィデアHDを通じて北都銀行に公的資金（100億円）が注入された。リーマンショックの影響から財務状況が悪化した北都銀行は、以上のような経営統合と公的資金注入によって救済されたのである。

当時頭取だった斉藤永吉氏（現会長）は、厳しい経営環境のなかでの経営統合において以前からの株主に迷惑をかけた責任を感じ、地域への貢献でこれに報いることを目指した。「それまでの北都銀行は、前例を踏襲するばかりで議論をしない銀行でした。北都銀行を、チャレンジも議論もする銀行に変えなければならないと思いました」と斉藤氏は語る。

北都銀行は、地元である秋田県に貢献するための体制を整えていった。まず2012年には「地域振興部」を新設（2017年には地方創生部に改組）。さらに行内横断的な体制として、当時の斉藤頭取を委員長、担当役員を副委員長、全営業店長を委員とする「地方創生委員会」を設置した。2015年には有識者を集めた「あきた創生アドバイザリーボード」を設置し、地方創生委員会に多角的なアドバイスを行う体制を整えた。

こうしたなか、北都銀行は2015年に策定した「地方創生北都プラン」に基づき、「再生可能エネルギー事業」「ヘルスケアビジネス」「グローバルビジネス」といった地域に潜在ニーズのある分野をニューフロンティアビジネスと位置づけ、これらに主体的に取り組むことを決めた。

2 ｜ 銀行による「常識外れ」の風力発電事業構想

そのなかで最も成果をあげてきたチャレンジが、「プロジェクトファイナンス」を活用した再生可能エネルギー開発である。再生可能エネルギーの中でも、特に風力発電に関しては、「秋田県に風力発電産業を創る」との戦略で取り組んできた肝煎りの事業だ。「リスクをとって産業を興していく。そうでなければ、自分たちは生きてはいけない」（斉藤氏）との思いからだ。

秋田県には、以前から多くのウインドファーム（風力発電所）があった。日本海からの強風が吹く長い海岸線を持ち、風車を設置するには適地であるためだ。しかし従来、そのほとんどは県外の大手資本によるもので、地元企

業の関わりは薄かった。「まるで植民地のようなものでした」と斉藤氏は言う。

　一方で、風力発電により秋田を活性化させようという構想は、以前からあった。例えば環境関連の NPO 法人に所属していた山本久博氏は、環境への配慮と地域振興を兼ねて、秋田県の沿岸を中心に 1,000 基規模の大型風車を県民の出資で建設するとともに、風力発電装置の製造工場を秋田に誘致し、雇用を創出する「風の王国構想」を早々と唱えていた。

　しかし、風力発電設備の建設には、風車 1 基で 10 億円近い金額がかかる。相当数の風車を備えた大型ウインドファームの建設・運営ともなれば、100億円単位の事業になる。秋田で、それほどのリスクを担えそうな企業はなかったし、先述のように風力発電プロジェクトのほとんどは県外資本によるもので、秋田県内にノウハウが蓄積されているわけでもなかった。また、そこまでの規模の事業への融資となると、北都銀行が単独で実行できるものでもなかった。

　普通の地方銀行なら、これだけの制約があれば断念していたはずである。しかし、北都銀行は諦めなかった。地元主導で風力発電事業ができないかを、2010 年頃から独自に調べていたのである。

　北都銀行の進藤氏（現ウエンティジャパン執行役員）は、北海道札幌市にある株式会社市民風力発電を訪ねた。同社は、市民出資により風力発電所を建設・運営する日本初の会社として、2001 年に設立された企業である。風力発電事業を行う地方企業として先駆的な存在だった彼らから、風力発電事業のノウハウを教えてもらおうと考えたのだ。当時は、再生可能エネルギーの普及拡大のために、電力会社による電力の買い取り価格を法律で定める「再生可能エネルギー固定価格買い取り制度」（FIT）（Topics 1 参照）が実施される以前である。同社の経営も厳しい状況にあった。そこに秋田の銀行が「風力発電事業の展開の仕方を教えてほしい」と訪ねてきたことに、担当者は驚いてこう言った。「銀行がこんなリスクの高い事業をやるのですか？」。

3 ｜ 震災が機運となった風力発電会社の設立

　仮に地元事業者による風力発電事業が可能になったとしても、資金的な支援には課題があった。

大型インフラ事業への融資は、通常、プロジェクトファイナンスで行う。プロジェクトファイナンスとは、特定事業に対して融資を行い、その事業から生み出されるキャッシュフローを返済の原資とし、債権保全のための担保も対象事業の資産に限定する手法である（Topics 1 参照）。個別の企業ではリスクを負担できない長期かつ大型のプロジェクトへの融資手法として使われてきた。

　プロジェクトファイナンスを行う金融機関は、個々のプロジェクトの経済性、技術リスク、法的リスクにまで踏み込んだ評価を行う必要がある。そのため従来のプロジェクトファイナンスでは、大手企業が取り組むプロジェクトにメガバンクが対応するケースが多かった。プロジェクトファイナンスにおいて、銀行団を取りまとめ、プロジェクトファイナンスを組み立てる金融機関を「アレンジャー」と呼ぶが、地方銀行がアレンジャーとなるケースは少なかった。北都銀行もアレンジャーを担ったことはなく、プロジェクトファイナンスのノウハウもなかった。

　そこで北都銀行は、自行でノウハウを蓄積することにした。旧日本長期信用銀行出身でプロジェクトファイナンスに精通した人材を採用したほか、行員をみずほ銀行のプロジェクトファイナンス部にトレーニーとして派遣した。

　プロジェクトファイナンスでは、対象事業による返済ができない場合でも、事業の中核となる企業は返済の責任を負わない。また、関与する企業における他の事業のリスクを波及させないために、対象事業のみを行うSPC（Special Purpose Company：特別目的会社）を設立し、そのSPCが資金の調達を行う。返済は、対象事業の将来キャッシュフローのみにかかっている。したがって、プロジェクトファイナンスにおいてポイントとなるのは、対象事業において、長期的に安定したキャッシュフローを見込めるかどうかである。しかし、北都銀行が地元での風力発電事業の育成を検討していた当初においては、風力発電所を建設できたとしても、発電事業のキャッシュフローを確実に見込むことはできなかった。

　ところが調査を進めていた2011年3月11日、東日本大震災が発生した。原発の見直しが検討されると同時に、再生可能エネルギー開発への機運が高まり、2012年7月からFITの開始が決まった。電力会社が、再生可能エネ

ルギーによる電力を、計画段階で決定されている固定価格で長期（風力発電の場合は 20 年）にわたって買い上げる、ということである。風力発電プロジェクトにおいて、長期に安定したキャッシュフローの見込みが立った。北都銀行はこれを千載一遇のチャンスと捉えた。

　北都銀行は、2011 年秋に秋田県内で空調・衛生設備工事を手がける羽後設備株式会社の佐藤裕之氏にその構想を持ちかけた。佐藤氏は、父親が経営する同社の後継者として秋田に戻ってくる前に、東京で IR（インベスター・リレーションズ）コンサルタントとして勤務していた経歴を持っており、取引先の BCP（Business Continuity Plan：事業継続計画）策定をサポートした際に緊急電源として風力発電と蓄電池施設を検討したことがきっかけで、風力発電事業に関心を持っていた。

　「当時の北都銀行の町田会長、斉藤頭取をはじめとしたみなさんの熱意に力づけられました」と佐藤氏は話す。北都銀行の面々と佐藤氏は、「風力発電こそ秋田再生のチャンスだ」という認識を共有し、2012 年 7 月に秋田で

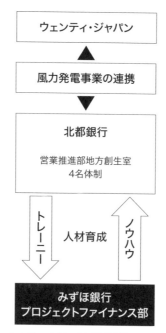

図表 1　プロジェクトファイナンスの推進体制（出典：北都銀行）

開催された「第2回世界自然エネルギーフォーラム」において、羽後設備を中心として地元で風力発電を担う新会社を設立する構想を発表した。

そして同年9月には、羽後設備、市民風力発電、フィデアグループ等の出資で「ウェンティ・ジャパン」が設立された。社名の「ウェンティ」は、ラテン語で東西南北4柱の神々の総称で、英語のウインド（風）の語源である。こうして、風力発電に関するプロジェクトファイナンスの推進体制が整った（図表1）。

4 全13銀行を巻き込んだ過去最大のプロジェクトファイナンス

　風力発電事業は、企画から運転開始まで4、5年かかるのが普通である。ウェンティ・ジャパンは、幸いなことに、開業後すぐに秋田市と由利本荘市にまたがる地域における東北の生協3者との共同プロジェクト（総事業費約27億円／2016年完成・運転開始）や、秋田市向浜での日本製紙との共同プロジェクト（総事業費約30億円／2018年完成・運転開始）を手がけることができた。現在では、ウェンティ・ジャパンによる風力発電開発案件は、38基（103.4千kw（約7万世帯分））にまで拡大している（図表2）。

　ウェンティ・ジャパンが手がけている最大の案件が、三菱商事らと連携した「秋田潟上ウインドファーム」のプロジェクトだ。秋田潟上ウインドファームは、秋田県潟上市から秋田市にかけての海岸沿い約6kmに広が

設置場所	規模	スポンサー	
秋田市向浜	1基	ウェンティ・ジャパン	市民風力発電 他
由利本荘市西目	1基	ウェンティ・ジャパン	市民風力発電 他
北海道石狩	2基	ウェンティ・ジャパン	市民風力発電 他
秋田市羽川	3基	ウェンティ・ジャパン	みやぎ生協 他
秋田市向浜	3基	ウェンティ・ジャパン	日本製紙
秋田市、潟上市	22基	ウェンティ・ジャパン	三菱商事パワー 他
秋田県三種町	3基	ウェンティ・ジャパン	JR東日本エネルギー開発 他
秋田県八峰町	2基	ウェンティ・ジャパン	JR東日本エネルギー開発 他
秋田県八峰町	1基	ウェンティ・ジャパン	市民風力発電 他
合計	38基		

図表2　ウエンティ・ジャパンによる開発案件

る県有林に計22基の風車（一般家庭約4万世帯分）を建設する総事業費約200億円のプロジェクトである（2020年5月に稼動）。秋田潟上ウインドファーム合同会社（SPC）には、ウェンティ・ジャパンのほか、三菱商事の全額出資子会社である三菱商事パワーなどが出資した（ウェンティ・ジャパンの出資比率は51%）。

このプロジェクトにおいて、北都銀行が県内金融機関を含む全13行をまとめるアレンジャー（みずほ銀行との共同アレンジャー）になった。北都銀行としても過去最大のプロジェクトファイナンスだった（総額155億円）。

5 地元企業と連携したコンソーシアムの立ち上げと県の支援

北都銀行とウェンティ・ジャパンはさらに、2013年9月に地元企業を中心とした風力発電産業のコンソーシアム「秋田風作戦」を立ち上げた。風車は超大型の機械であるため、輸送コストを考えると風力発電適地の近隣で製造するメリットが大きい。また、発電を行う風車1基には、2万点を超える部品が使われる。これは自動車並の部品点数である。風力発電は裾野が広い事業なのだ。秋田風作戦の狙いは、こうした部品を製造するメーカーや保守・管理を行うメンテナンス事業者を地元で育てようというものである。

秋田風作戦には、県内外から建設業、運送業、保守メンテナンスを目指す企業、メーカー、金融機関等100を超える組織・団体が参加した。会長にはウェンティ・ジャパンの佐藤氏が就任し、特別顧問に北都銀行の町田会長（当時）が就任した。秋田に"風力発電業界"が誕生した瞬間だった。

2015年に開いた秋田風作戦の総会では、フィンランドの風車メーカーであるメルベント社を呼んで、発電機内部や翼（ブレード）などの仕組みまで詳しい説明を受けた。秋田には小規模ながら高い技術を持った工場が多く存在し、指導を受けさえすれば風力発電の設備を県内で製造できる可能性はある。現時点では、秋田県内の企業が関われる部分は限られており、ノウハウのある大手企業との連携は不可欠だ。しかし佐藤氏は地元企業がゆくゆくは発電事業の中核を担えるようにすることにこだわり、連携する大手企業の見極めにおいても、地域内の担い手の育成に理解があるかどうかを重視している。

こうした秋田風作戦の成果は、少しずつ表れている。日本製紙との共同プロジェクトにおける風力タービンの建設では、秋田風作戦のメンバーである地元企業の三栄機械が、風車の土台づくりに必要なテンプレートや、ブレードをトレーラーで運搬する際のアタッチメント（取り付け器具）などの大型部品の供給を行った。

　行政である秋田県も、風力発電を県の産業にするための動きを支援してきた。2011年には「秋田県新産業エネルギー戦略」を策定し、再生可能エネルギーの導入や関連産業の振興策を明示した。このほか、風力発電に関する事業者向け研修会の開催、事業計画の検討へのアドバイザーの派遣、風力発電の事業化に向けた風況調査への補助、必要な事業資金の融資、発電施設のメンテナンス技術者養成に向けた研修への補助といった様々な取り組みを通じて、地元企業の風力発電事業への参入を支援している。

　秋田県はさらに、公有地を風力発電用用地として提供することを決め、2013年度には風力発電事業者の公募を実施した。この風力発電事業における県有保安林の南側を担当するプロジェクトが、先述のウェンティ・ジャパンによる秋田潟上ウインドファームである。なお、県有保安林の北側の風力発電開発は、秋田銀行系列のA−WIND ENERGYが担っている。

　県がビジョンを明確に伝えて、シンポジウムなどでも広い層に経済効果の説明に努めているおかげで、地元住民にも風力発電事業を応援する人が多い。例えば、秋田県内の9社と能代市が出資し、同市沿岸部に大規模風力発電所を建設する「風の松原自然エネルギー」プロジェクトにおいて、総事業費160億円のうち2億円について、市民ファンドを活用して能代市民から調達した際には、風力発電事業を応援しようと出資に協力する応募者が多かったという。

6 ｜ 積極的な組成展開が新事業の確立へ

　北都銀行は、2013年度から2019年度までの7年間で、風力発電向けを中心に22件累計899億円のプロジェクトファイナンスを組成した（**図表3**）。

　一般的にプロジェクトファイナンスにおけるSPCへの出資・融資比率は

事業者による出資が 20 〜 30％程度で、残りが金融機関による融資となる。しかし、数十億〜数百億円規模にもなる再生可能エネルギー事業では、地元事業者が 20 〜 30％もの出資を行うことは難しい。

　そこで北都銀行は、出資が 2 割に満たないケースも取り扱っている。営業推進部地方創生室では、「教科書通りの出資比率にこだわらないので、『地方版プロジェクトファイナンス』と呼んでいます。地域金融機関が通常以上のリスクを取る分、お客さまには高めの金利をご負担いただいています」と説明している。

　こうしたなかで、エネルギー分野への融資残高は 7 年間でゼロから 600億円ほどになり、業種別残高でも上位になった。平均貸出金利は 1％台後半と高水準を維持している（2018 年 3 月の地銀全体の貸出約定平均金利は0.803％）。また金利以外でも、アレンジメントフィー約 6 億円、マネジメントフィー年間 1,000 万円を得ている。北都銀行が地元のために新たな産業を創ろうとした努力が、自らにとっても新たな事業分野の確立につながった形だ。

図表 3　プロジェクトファイナンスの組成額の推移（出典：北都銀行）

7 | 地域を悩ませた「厄介者」が全国 1 位の地域資源に

　FIT 導入以降、秋田県の陸上風力発電は 200 基に倍増した。さらに近年では、洋上風力発電のプロジェクトも進んでいる。洋上風力発電は風車の建設コストが陸上の 3 倍かかるほか、漁業組合との交渉や送電網の増強などの課題も多いが、風況が陸上に比べ格段に優れている点が特長だ。

　秋田県の風力発電導入実績は、瞬く間に増えた。2019 年末には、累積導入実績で長年 1 位だった青森県を抜いて、全国第 1 位になった。

　秋田県では、2025 年に現在の 2 倍の発電量を目指している。試算では、経済波及効果が 3,138 億円、雇用創出効果が 29,700 人とされている。

　「秋田を風力発電に関する研究者、開発者、事業者が世界各国から集まってくるブレーマーハーフェンのような場所にしたい」と斉藤氏は言う。ブレーマーハーフェンは、ドイツ・ブレーメン都市州の北海に面した港湾都市だ。風力発電関連企業が集積しているほか、風力エネルギーの研究所などもある。かつては、主力産業だった造船業の不調や東西ドイツの統一に伴う米軍関係者の撤退により、高い失業率に悩まされていた。しかし、2010 年代後半からの風力発電企業の誘致による構造転換によって、目覚ましい経済発展を遂げた地域として知られている。

　佐藤氏は、「風は、きりたんぽやハタハタと同じ秋田の特産品」と語る。秋田県沿岸部に強く吹く風は、冬には吹雪となり、乾燥した日には大火をもたらすものであった。北都銀行とウェンティ・ジャパンによるチャレンジは、厄介者だったはずの秋田の風を地域経済への追い風に変えたのである。

基金

複数の出資者から資金を募り、その資金を元手に事業への投資を行い、投資で得た収益を出資者に分配する仕組みを「ファンド」と呼びます。ファンドの設立は、組合契約によるもの、法人を設立するもの、信託契約によるものなど様々な形態があり、金融商品取引法により、ファンドへの出資を募ったり、ファンド財産の投資運用を行ったりする者に対して原則として登録が義務づけられています。

一方、特定の目的を達成するために積立や寄付等によって資金を集め、管理運用組織が活用・管理を担う「基金」と呼ばれる仕組みもあります。地方公共団体が主に福祉や教育の環境充実を目的として積立・準備するものや、確定給付型の企業年金制度として企業や業界団体などが厚生労働大臣から認可を受けて設置し、年金資産を管理・運用するもの（厚生年金基金）がその一例です。ファンドとの違いは、投資あるいはそれに伴う収益の分配による利潤追求が目的とされているかどうかにあるといってよいでしょう。

ここでは、公益的な活動を目的に設置された基金について簡単に紹介しましょう。

まず、特定の目的が設定されている限り任意に設置が可能な基金も、設置主体によって寄付を受けた場合に適用される税制の条件などが異なります。例えば、任意団体が設立した基金に個人が寄付をした場合、任意団体には贈与税が課され、寄付者も所得控除や税額控除は受けられません。

またNPO法人などの非営利団体が基金をつくった場合、受けた寄付に贈与税は課税されず、寄付による収入は収益事業に対して課税する法人税の対象にはなりませんが、認定NPO法人となれば、寄付者は所得控除を受けられるようになります。この措置は、公益認定を受けた社団法人や財団法人においても同様で、寄付するインセンティブを高めることがねらいです。

認定NPO法人や公益財団法人が設置した基金が受けた寄付は、特定資産として他の寄付金とは明確に区別して管理されることになっており、これを区分管理といいます。基金の運営主体はその上で、基金の設立時に定めた社会的事業に資産を充てつつ、寄付者に対して活用状況や残高を報告することが義務づけられています。

一方、認定NPO法人や公益財団法人による基金の設置は、個人からの一定額以上の寄付をきっかけに行われる場合もあります。その際には、基金の名称や金額、基金の運用年数などについて団体らとの協議が行われ、個人の意思を尊重した使途として助成事業の財源や運営管理費等に充てられます。特に東日本大震災以降、私財で基金を設置したいと希望する声が高まっています。公益性の高い事業を応援しようとする個人の意欲と資産に対し、NPO法人や公益財団法人などが受け皿の1つとなって社会課題解決に活かしてゆくこと、そしてその適切な管理・運用をサポートしてゆくことが求められています。

試行錯誤が続く地域ブランディング

地域ブランディングに求められる 3R の視点

　足元にある地域の魅力を掘り起こし、地域再生につなげるために、どのような取り組みが可能だろうか。

　地域のアイデンティティを、独自の製品や体験といった形のサービスとして発信し、ブランドとしての認知向上をねらう活動は、「地域ブランディング」と呼ばれる。一般に企業がブランドを確立するためには、「3R」(Relationship／Relevance／Reputation) といわれる 3 つのプロセスが必要とされている。すなわち、消費者やステークホルダーに向けてブランドイメージを認知 (Relevance) させ、同時にその発信を支援してくれる人やグループに対してイメージの共有や関係構築 (Relationship) に取り組むことで、ブランドイメージの評価を高め、広く拡散 (Reputation) される、というものである。

　このブランディングを地域が実践する場合、ブランドの構築は、自治体や住民が主体となる。ここで課題となるのは、自治体や地域住民らがはじめから同じブランドイメージを共有できているとは限らないことだ。したがって、地域に備わっている魅力や資源への理解の不一致を確認し、場合によっては従来の固定観念から脱却した新しいブランドイメージを構築することが求められる。このことから、住民はブランドイメージの発信・認知 (Relevance) を担うと同時に、その共有や関係構築 (Relationship) にかかわるステークホルダーでもあるといえる。こうして行政・住民のあいだでブランドの発信や認知・共有され、関係構築が実現して初めて、地域外の消費者や観光客などにアプローチして地域ブランドのコンセプトを広め、より広い認知や、評判を高めるプロセス (Reputation) に進むことができるのである。

　地域ブランディングの目的は、移住の促進、域外観光客の誘致、地場産業の振興、雇用の創出など様々に考えられる。重要なことは、地域の実情に

合った目的を適切に設定し、多様なステークホルダーとの意識共有や関係構築に努めながら、共通のブランドイメージのもとで新しい事業活動が巻き起こる環境をつくってゆくことである。

「B級ご当地グルメ」「ゆるキャラ」の功罪

　地域ブランディングの典型的な事例として、「B級ご当地グルメ」や「ゆるきゃら」が挙げられる。

　「B級ご当地グルメ」は、1980年代半ば以降にサブカルチャー的に提唱されていた巷の庶民的料理への注目が2000年代に入り地域おこしと結びつき、地域をアピールするツールとして開発・活用しようという流れにつながったものだ。やがて、メディアによる喧伝を受けて各地の食品加工メーカーや観光協会、自治体、消費者を巻き込み、一時は地域活性の目玉策として盛り上がりを見せた。

　一方で、"ご当地グルメ"と言いつつも、伝統的な郷土料理とは根本的に異なり、地域固有の文化や風土に根付いたものでは必ずしもないものが多いことから、地域おこしとしての妥当性には批判の声もある。

　また、「ゆるいマスコットキャラクター」を略した「ゆるキャラ」は、漫画家・エッセイストのみうらじゅん氏が命名した言葉として知られる。みうら氏は「郷土愛に満ち溢れた強いメッセージ性がある事」「立ち居振る舞いが不安定かつユニークである事」「愛すべき、ゆるさ、を持ちあわせている事」というゆるキャラ3カ条を設定し、地域にある無名なマスコットたちの有り様を表現した[*1]。今では、ゆるキャラは地域のアイデンティティを示すシンボルとして、地域振興を目的にしたイベントやキャンペーンなどのPRを担うキャラクター全般を指す呼称になっており、滋賀県彦根市の「ひこにゃん」や熊本県の「くまモン」などが知られている。自治体や関連機関がクリエイターに制作を依頼したり、市民から公募したりして生み出される例が多く、郷土に由来する人物や事物などをモチーフとしているものが多い。

　しかしながら、ゆるキャラもB級ご当地グルメと同様、次第にその定義があいまいとなり、各地で安易に量産されたことで、地域に暮らす住民にすらあまり認知されず一方的な取り組みに終わっているものも増えている。

B級ご当地グルメもゆるキャラも、メディアやクリエイターらによる
キャッチーな発信により、誕生当初はそれなりに注目を集めるものの、時を
経てそうした取り組みが各地で当たり前に行われるようになってくること
で、地域間で差別化を図ることが難しくなってくる。また、住民からの認知
度や愛着、地域振興への寄与といった成果を測る指標が明確化されず、B級
ご当地グルメやゆるキャラの考案そのものが目的化してしまっていること
も、行政主導の取り組みにありがちな課題としてしばしば指摘されている通
りである。

　地域を盛り上げ、そのブランド化を図るためには、地域固有の価値を明確
化すると同時に、ブランドイメージを地域の核に据えて定着させる努力が求
められる。地域間で差別化できず横並びになってしまったり、商業的な流行
に簡単に左右されてしまったりしないためにも、地域のブランドイメージを
共有した住民が主体的に関われる仕組みの中で、時間をかけて丁寧につくり
あげることが重要といえる。

＊1　「月刊ビジネスアスキー」2009 年 12 月号

谷根千まちづくりファンド

地元金融機関による古民家再生への投融資
MINTO 機構と連携して支える民間のまちづくり
── 朝日信用金庫

1 歴史あるまちに押し寄せる都市開発の波

　経済の中心地として語られることの多い東京だが、高層ビルが立ち並ぶビジネス街以外にも、昔ながらの暮らしが根付いた地域はあちこちに広がっている。

　現在の東京という都市の成り立ちの基盤は、江戸時代に遡る。徳川幕府のもとで商業や政治の中心として栄え、全国各地から人やモノが集まる最先端の場所となっていった。元和2年（1616年）には、江戸城の表鬼門守護の場所にあたる場所に神田明神、江戸城の鬼門（東北）にあたる上野の大地には寛永2年（1625年）に寛永寺が建立され、いわゆる社寺会堂[*1]とともに人々の生活に寄り添った文化が醸成されていく。幕末の上野戦争[*2]を経て寛永寺の大部分は上野公園となり、関東大震災や戦後の復興期に形成された墨田区や台東区の下町は、木密地域が軒を連ねる。

　東京という都市部において、町屋や路地の街並みはいたるところにあるが、古くからの街がまとまって残る地区として第一に挙げられるのは「谷根千」だろう。谷根千とは、文京区東端から台東区西端一帯の谷中、根津、千駄木周辺地区を指す総称で、「谷中」「根津」「千駄木」の頭文字をつなげたものだ。

　谷根千一帯は寺町として知られ、第二次世界大戦時に戦災をあまり受けなかった地域であり、また戦後の復興や大規模開発から逃れられた地域のため、今なお古い木造建築物や古民家が立ち並ぶ。1980年代に作家の森ま

写真1　谷根千地域の街並み

　ゆみ氏らが創刊した地域情報雑誌『谷根千』（正式には『地域雑誌 谷中・根
津・千駄木』）は、地域情報雑誌の先駆けとして人気を博し、同時に「谷根
千」という名前と地域を広く世に知らしめた雑誌でもある。

　近年は、今なお残る風情ある街並みが東京の代表的な観光スポットの1
つとして注目されている。古民家を改装して新しい雑貨屋や飲食店がテナ
ント入居するケースも多く見られるようになり、観光客も増えてきた（**写真
1**）。

　一方で、歴史ある建物や古民家が残る地域の象徴として注目されることの
多い谷根千にも、都心部における大規模開発の波が押し寄せており、地価の
高騰が懸念されている。土地と建物の管理者の立場で考えると、地価の高騰
は、固定資産税や相続税の負担増に直結する。その結果、土地・建物が負の
遺産として次の世代に引き継がれることも少なくない。特に飲食店のような
小さな生業において、税金を支払うだけの利益を確保しつつ、安定して売上
を上げ続けるのは難しいのが実情だ。結果として、地域としての「らしさ」
や歴史的な価値を象徴する街並みの維持管理は次第に難しくなってくる。

　このままの状況が放置されると、駐車場やマンション、アパート、商業施
設といったテナントの出店が相次ぎ、古い街並みを中心とした地域の文化が
衰えていってしまう。古民家再生を推し進めながら、地域の文化的側面を維
持・強化していくことが、これからのまちづくりには欠かせない。

2 | 各地で生まれる「まちづくりファンド」

　古民家再生においては、築年数による大規模修繕や事業実施に伴う建築基準法に基づいた用途変更など、資金面・税制面・法令面で多岐にわたる課題がある。こうした課題に対して、様々な角度から適切に対処しながら古民家を利活用していくためには、専門家によるサポートや資金面を支える金融的アプローチが欠かせない。

　そこで、地域の文化資源を活かしながら、新しいまちづくりを進める一手として、エリアの歴史文化を象徴する建物や古民家の再生による地域の課題解決を後押しする「まちづくりファンド」が注目を集めている。

　まちづくりファンドとは、2017年4月に国土交通省が創設した制度である。地域金融機関と、長年にわたって民間の都市開発を支援している一般財団法人民間都市開発推進機構（以下、MINTO機構）が連携し、空き家再生や店舗リノベーションに取り組む民間のまちづくり事業者に対して、出資や社債取得により投資を行うエリアマネジメント型ファンドだ。エリアマネジメントの観点から、これまでの事業型のファンドとは異なる民間主導のまちづくり事業を国として促進するために設立された（**図表1**）。

　まちづくりファンドは地域金融機関が運営の主体となる。地域金融機関とMINTO機構がそれぞれ出資する形でファンドを組成する。同機構による出資の限度額はファンド総額の2分の1までで、地域金融機関にとってはリスクを半減させつつまちづくりへの資金提供に取り組める。

　制度がスタートし、第一号ファンドとして2017年9月に「ぬまづまちづくりファンド」（沼津信用金庫／ファンド規模4,000万円）と、「シティ信金PLUS事業大阪まちづくりファンド」（大阪シティ信用金庫／ファンド規模5,000万円）が設立。他にも、「桐生まちづくりファンド」（桐生信用金庫／ファンド規模6,000万円）や四国初の「大洲まちづくりファンド」（伊予銀行／ファンド規模2億円）、九州地区として初の「ちくごの未来まちづくりファンド」（筑後信用金庫／ファンド規模5,000万円）など、全国各地で計17ファンドが組成されている（2020年3月現在）。

　ファンドの投資先や投資対象エリアは、エリアマネジメント活動と連動しながら、それぞれの地域の特色を活かした目的のもとで運営される。また

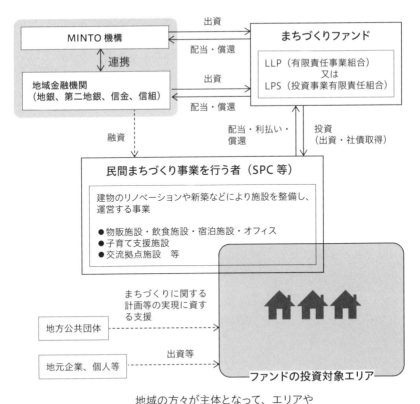

図表1　まちづくりファンドのスキーム図（出典：MINTO機構の資料をもとに筆者作成）

ファンドは第一号案件確定が組成条件となっている。ぬまづまちづくりファンドの場合は「泊まれる公園」をコンセプトにした複合施設「INN THE PARK」を運営する株式会社インザパークへ2,000万円の出資、2018年1月に組成された城崎まちづくりファンド（但馬信用金庫／ファンド規模6,000万円）の場合は、城崎温泉で旅館として使われていた築90年の木造建築を再生した女性専用のゲストハウス「城崎若代」を運営する株式会社湯のまち城崎に対する600万円の出資が第一号案件であった。

　なお、事業全体の必要資金に対するファンドからの出資額は、当初の資本（純資産）の倍額または総事業費の3分の2のいずれか少ない額までとなっ

ているため、もともとの資本金が少ない事業者はファンドからの出資も少なくなる。また、出資ではなく、事業者に対して地域金融機関が融資をし、さらに日本政策金融公庫が協調融資で参加することもある。

3 │ 谷根千一帯の地域資源を再認識

「これまで、地域金融機関は地元の事業者や商店などを対象に取引を行ってきましたが、従来のやり方からの脱却をしなければ、という考えは常々持っていました」と話すのは、朝日信用金庫執行役員部長の竹尾伸弘氏である。お客さまサポート部で取引先との関係づくりに長年携わってきた。

都市部、特に東京都心では、2016年時点で約41.9万社の企業が存在している。そのうち約24.9万社が会社企業、約17万社が個人経営だ。個人経営を中心とした地元事業者との取引の多い朝日信用金庫だが、事業者数の多さなども相まって「地域との関わりもお祭りに職員が参加する程度。地方の金融機関と比べると、地域の特性に着目した取り組みが十分に図られているとはいえない状況でした」とこれまでの活動を振り返った。

朝日信用金庫としても、地域において必要とされる金融機関を目指すため、新たな戦略として2017年の3カ年計画において「地方創生」を掲げた。同時に、都市部における地方創生とはなにか、どのような業務に積極的に参画していくかなどについて検討を重ね、都市部における地域のあるべき姿を模索しはじめた。

そうした折、竹尾氏は谷根千地域を含む台東区におけるまちづくりに長年従事しているNPOたいとう歴史都市研究会(以下、たい歴)理事長の椎原晶子氏を紹介された。椎原氏は、学生の頃に谷中に住みつき、谷中のまちづくりに長年携わっている人物だ。椎原氏との出会いを皮切りに、地域の市民活動に関わっている人たちとの接点が生まれていった。

「それまでは『古民家ってなんですか?』というくらい、谷根千の古民家が注目されていることも知りませんでした。椎原さんたちと出会い、そこから谷根千のことや地域の歴史的文化的価値を活かした古民家再生の社会的意義などについて教えてもらいました」と竹尾氏は話す。

たい歴は、谷中地域における有形・無形の生活文化の保全・活用・支援に

関わる事業を行っている。設立の端緒は、寺町である谷中に大規模マンションの建設計画が持ち上がったことだった。これを契機に、地域全体で街並みを考える機運が高まり、まちづくり憲章や建築協定の締結、まちづくり協議会の設立などを経て、有志により NPO 法人として組織化されたのである。主な活動として、明治屋敷や大正町家などの歴史的建物である空き家を借り受け、保全に取り組むほか、持ち主と借り主をつないで家を再生したり、地域のコミュニティや旅行者などをつなぐ活動も行っている。

これまでは NPO 会員や市民からの寄付を中心に活動資金としてきたが、NPO という法人形態のため金融機関からの十分な資金を調達することができないことがしばしば課題となっていた。このため、相続や立ち退き要請の負担に耐えきれなくなった持ち主が古民家を泣く泣く手放さざるを得ないというような局面で、思うように支えられなかったこともあったという。

4 ｜ 東京初のまちづくりファンド組成

2016 年 12 月、谷中にある鍛金職人「銅菊」が工房兼住居として使用してきた築 100 年の日本家屋を再生するプロジェクトが立ち上がった。

銅菊は、谷中で 3 代にわたって銅細工を手がけた大沢家の屋号で、銅板を叩いて鍋、やかん、卵焼き器、水差しなどを製作していた。1 階の土間で銅を叩く大沢氏の姿や威勢の良い声は、地域の名物として親しまれていた。その後、夫人が高齢のため家を退去し空き家となったが、銅菊を惜しむ近隣住民や親族などが集まり、たい歴が相談を受けて建物を再生する計画が立ち上がった（**写真 2**）。

大規模修繕の必要性は認識しつつも、資金面などの課題から NPO 主体による再生活動は困難を極めた。同時に、NPO だけではカバーできない古民家再生の物件が今後も出現してくることを椎原氏は危惧した。

そこで、将来の谷根千エリアにおける古民家再生を見据えつつ、銅菊を特殊ケースにすることなく事業性を持って活動するエリアマネジメント会社のあり方を模索した。そして、谷根千や下谷地域の建築再生に取り組む株式会社まちあかり舎を 2017 年 4 月に設立。代表として建築会社に勤めていた水上和磨氏が就任、椎原氏は取締役として参画し、地域の不動産事業を主体と

写真2　改修前の「銅菊」
(提供：NPO 法人たいとう歴史都市研究会)

した法人として資金面での課題をクリアしながら事業性を持って運営する形を取った。

　まちあかり舎は主な事業として、借り入れした物件を事業内容に共感する別の事業者にサブリースしたり、建物の価値や持ち主の思いを重視した仲介や管理などを行ったりしている。

　2017年4月頃からまちあかり舎が主体となって銅菊の建物調査を実施し、7カ月かけて耐震補強を含めた改修を施した（**写真3**）。資金面に関しては、まちあかり舎から朝日信用金庫の竹尾氏に相談しサブリース事業の確実性を担保に融資を受けた。朝日信用金庫としては、これが具体的な古民家再生に携わるきっかけとなった。

　銅菊は建物を家主から借り受け、建物の魅力や価値に共感する事業者を探し始めた。そして、地元上野に縁ある大丸松坂屋百貨店が活用事業者に決定し、"5年先の未来定番生活を提案する百貨店"というビジョンを実現する研究機関である「未来定番研究所」の新拠点を2018年3月にオープンした。

　時期を同じくして、国土交通省によるまちづくりファンドの動きが本格的にスタートし、沼津や大阪などで設立されはじめた。椎原氏は、自身が幹事として参加している、東京都心北部一帯の様々な文化資源を活かした活動を進める「東京文化資源会議」*3 において「リノベーションまちづくり制度研究会」（以下、リノベ研）を発足させた。リノベ研では、歴史的文化資源を

写真3　改修後の「銅菊」
（提供：NPO法人たいとう歴史都市研究会）

写真4　左から、朝日信用金庫の橋本宏理事長、まちあかり舎の水上氏、「たい歴」の椎原氏、MINTO機構の五十嵐芳彦常務理事
（提供：朝日信用金庫）

活用したまちづくりのあり方を考えるため、地元金融機関と連携したまちづくりファンド活用による具体的なプロジェクトの実践や、歴史的資源保存を絡めた容積移転制度に関わる政策提言とその実現を軸とする活動が展開された。竹尾氏もリノベ研のメンバーの1人として参加し、大学関係者や民間企業、地域のNPOらとともに、地域の文化資源を活かしたまちづくりのための知見やネットワークを深めていった。

　こうした流れを受けて、朝日信用金庫としても単なる利潤目的のファンドではなく、地域の歴史的・文化的価値を活かせるファンドのあり方を模索しながら、運営面などの具体化を進め、2018年3月にファンド規模1億円の「谷根千まちづくりファンド」を組成した（**写真4**）。

　ファンド設立に必要な第一号案件として、まちあかり舎が借受サブリース

写真 5・6　八代目傳左衛門めし屋の様子。大正時代に建てられた古民家の良さを活かしたリノベーションを施している。
（提供：まちあかり舎）

を担当した「八代目傳左衛門めし屋」を運営する株式会社八代目伝左衛門へ出資することになった。名前にある「傳左衛門」は店主の家系の屋号で、現在の店主が八代目である。大正時代に建築された古民家を再生した同店舗は、観光客や地元に愛される定食屋として人気を博している（**写真 5・6**）。

5 | ネットワークを活かしたまちの人的資源の蓄積

　朝日信用金庫にとって、まちづくりファンドの設立は、個別の建物にとどまらず、地域全体に視点を広げるきっかけになった。地域が持つ魅力を維持・活用し、街並みや文化を継承していくために、地域活動への関わりも増えているという。

　「具体的に谷根千という地域に関わるようになってより一層感じるのは、古民家は地域の歴史や文化を色濃く残す建物だということです。けれども、開発が進んで近代的な建物が立ち並んでしまっては、ぽつんと古民家だけがあっても意味はありません。古民家は街並みと一緒にあることに意味があると思うんです」と竹尾氏は話す。

　谷根千にはかつて 500 軒以上もの古民家が点在していたが、現在は把握されているだけでも 250 軒くらいで、年間 3、4 軒ほどが消失しているという。

　谷根千まちづくりファンドは、都心部で初めてのまちづくりファンドで

あったことに加え、当時は全国初の億単位での創設事例だったことから、他の金融機関からもまちづくりファンド設立に関する相談が相次いだ。同時に、古民家を実際に活用したいと希望する事業者や個人からの連絡が月に数件から十数件ほど来るようになったと竹尾氏は話す。

そこで朝日信用金庫は、古民家オーナーになりたい人の情報収集を、たい歴やまちあかり舎と連携しながら実施するようになった。どんなに歴史ある建物であっても、そこを活用して事業をしたいと思う人とのつながりがなければ意味がない。一方で、古民家を店舗などとして活用したいと考える人たちにとって、古民家の情報を得る手段はなかなかない。借りたい人、貸したい人双方のニーズを捉え、ネットワークを構築しながら、古民家活用とともに街並みの魅力再生のための活動を進めている。

また、古民家再生を続けていくにあたり、古民家の改修や保存の技術をいかに絶やさずにいられるかという課題もある。谷根千を含めた東京の下町にはかつて多くの大工がいたが、現在の建築工法ではプレカットされた木材を組み合わせるだけの設計・施工が可能になっていることから、独自の技術を持つ大工や工務店不在のままに家が建ってしまう場合も多い。しかし、古民家を含めた歴史的建造物の多くは、古い技術や工法を用いてつくられており、建物の構造や工法を熟知した職人の知恵や経験を活かさずしては、リノベーションなどの再生ができない。そのため、大工や工務店の職人たちとネットワークを築きながら、古民家の維持や再生に必要な技術的環境を整えはじめているという。こうした活動も、地域に密着する地域金融機関だからこそできる取り組みといえる。他にも、地域の不動産業者と連携しながら、取引先工務店の木造建築に対する技術の確認や、古民家活用セミナーなど情報発信の強化も進めている。

6 | 収益性とは異なる評価軸で取り組む地域貢献

これらの地域活動は金融機関にとって必ずしも収益性の高い活動とは言えない。まちづくりファンドの場合、ファンド存続は20年、投資案件の事業に対する回収期間は最長10年と、一般的なファンドに比べると期間が長く、かつファンド規模もさほど大きいとはいえず、金融機関の通常の業務と比較

しても、決して効率的に収益があがる事業ではない。

「ファンドの償還年数は一般的な融資より長く、古民家改修による事業の利回りも5%程度とあまり高くはありません。けれども、地域に還元したいとか、古民家が好きで古いものを活かした活動をしたいと思う人と接していく中で、地域に寄り添った信用金庫として、私たちなりにできる地域との歩み方があるのではないだろうかと考えるようになりました」と竹尾氏は語る。

もちろん、だからといって収益性を考えなくてよいわけではない。まちづくりファンド全体に言えることだが、古民家活用であれば何でも投融資するわけではない。歴史ある建物を活用するがゆえに寄せられる周囲からの期待など、歴史的・文化的建造物を活用しようという事業には自ずと様々な思いや考えが詰まっている。それが地域において必要とされる適切な事業であるかどうかは、金融機関などによって厳しく評価されることになるのである。

朝日信用金庫においては、従来の創業支援にとどまらない都市型の地域貢献へと舵を切っていく新たな取り組みとして、谷根千の古民家再生だけでなく、都心部の他のエリアへの展開も見据えている。

例えば、神田・神保町の古本街も文化資源の集積地の1つである。神田・神保町は、谷根千に点在するような古民家に類する建物そのものの価値よりも、古本屋という生業そのものが集積していることにおける地域一帯の街並みの価値が高い地域といえる。他にも、東京大学がある本郷地域はかつて旅館街として多くの旅館や銭湯がひしめいていたが、現在では銭湯はなく旅館も数軒を残すのみとなっている。こうした地域文化を再生していくために、地域金融機関が貢献できる地区を見出し、支援を強化していくことが見据えられている。

様々な利害関係を調整する役割である金融機関だからこそ、経済合理性だけでない地域の歴史や文化とも向き合いながら考える必要があると竹尾氏は語る。古民家再生だけでなく、中小企業の事業承継支援も金融機関の役割であり、地域の生業を持続可能にしていくために考えるべき仕事だ。

地方であろうと都市部であろうと、地域や事業の課題に寄り添い、街並み再生に寄与する取り組みに注力していくことに向き合うことが、地域金融機関に求められているのではないだろうか。

＊1　神社、寺院、教会等の宗教施設全般を総称した言葉。

＊2　王政復古を経て明治政府を樹立した薩摩藩、長州藩、土佐藩らを中心とした新政府軍と、旧幕府勢力および奥羽越列藩同盟が戦った戊辰戦争の戦いの1つ。慶應4年5月15日（1868年7月4日）、江戸上野（現在の東京都台東区）において、彰義隊ら旧幕府軍と新政府軍が戦い、彰義隊はほぼ全滅し新政府軍が勝利した。

＊3　東京文化資源会議は、東京都北東部の谷根千、根岸一帯から上野、本郷、秋葉原、神田、神保町、湯島に至る半径2 kmの徒歩圏を中心として、文化資源、環境、観光等の様々な視点から新しい都市政策モデルを構想し、2020年以降の東京を考えるために2015年4月に発足した任意団体。大学、民間研究機関、企業等、様々な分野の専門家、実践者の有志が参画しており、会長を都市計画家で東京大学名誉教授の伊藤滋氏、幹事長を東京大学大学院情報学環教授の吉見俊哉氏が務めている。

相続・遺贈寄付

個人が亡くなった時に問題となるのが「相続」です。相続とは、亡くなった人が所有している財産的な権利や義務を、法律や遺言によって他人が継承することを指します。預貯金や不動産はもちろんのこと、借地権や著作権といった無形の権利のほか、借入金などの債務も相続の対象となります。相続人の範囲や順位は民法に規定されています。

遺言は故人の遺志に基づいた財産分与を行う上でも有効で、本来は相続権のない人や、特定の組織・団体を相続人として指定することも可能です。特に、財産の一部をNPOや公益財団法人などに寄付として相続させることは「遺贈」もしくは「遺贈寄付」と呼びます。

2017年3月の日本財団による調査[1]によると、60歳以上の男女において、5人に1人が遺贈寄付の意向があり、その内単身世帯は42.6%と意識の高さがうかがえます。一方、遺言書の準備に前向きな人は27.3%程度で、無関心層は約7割にのぼります。準備に前向きな人も作成済は4.9%、作成検討中は4.1%にとどまります。つまり20人に1人しか作成できていない状況です。

とはいえ、高齢化が進む中、亡くなった後も自身の大切な人や社会に貢献できる1つの手段としての遺言の重要性については、少しずつ認知が進んでゆくと考えてよいでしょう。遺贈寄付を受ける可能性のある組織・団体においても、受け入れの判断基準やプロセスについて議論し、理解を深めておくことが必要です。

---

[1] 日本財団の調査
https://www.nippon-foundation.or.jp/app/
uploads/2020/01/new_pr_20170403_
01.pdf

リノベーションと
エリアマネジメント

人口減少時代に地域が直面する空き家問題

　日本は、終戦直後の第一次ベビーブームや高度経済成長における 1970 年代の第二次ベビーブームなど、戦後から一貫して人口が増加してきた。しかしその後、1980 年代以降は人口増加率が低下の一途をたどり、2000 年代になり人口減少へと転換している。

　一方、戦後からの人口増加とともに、東京などの人口集中地域においては都市化が進み、市街地近郊の地域で住宅地化が進んだ。戦前の日本の都市住宅の多くは借家だったが、1950 年の住宅金融公庫の設立や公営住宅法の設置など、低所得者向けの住宅供給や分譲マンション、工業化住宅、住宅ローンの発展とともに、「いつかは戸建て」と言われるほどのマイホームブームが起きる。高度経済成長の流れとともに、住宅に関する様々な施策は、家電の発達や国民全体の教育水準の上昇など、社会全体に大きな影響を及ぼしてきた。

　しかし、時代の流れとともに人口減少が叫ばれる現代では「郊外の過疎化」や「空き家問題」が次第に社会問題化してきている。総務省が 2019 年 9 月に発表した住宅・土地統計調査によると、2018 年 10 月時点で国内の住宅総数 6,240 万 7,000 戸に対し空き家の戸数は 848 万 9,000 戸で前回（2013 年）調査の 819 万 6,000 戸から 29 万 3,000 戸増え、総住宅数に占める割合（空き家率）は 13.6％増加と 2013 年から 0.1 ポイント上昇し、過去最大となっている。1988 年から 2018 年の約 30 年間では、空き家の総数が約 2.15 倍（394 万戸から 848 万 9,000 戸）に増加している（**図表1**）。

　なお、848 万 9,000 戸の空き家のうち、賃貸用は 432 万 7,000 戸、売却用は 29 万 3,000 戸、別荘などの「二次的住宅」は 38 万 1,000 戸だった。つまり、誰も住んでおらず、賃貸や売却用といった活用もされていない空き家は 348 万 7,000 戸で、この数も 1988 年からの 30 年間で 131 万戸から

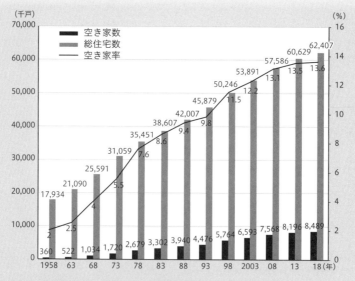

（千戸）
（%）

■ 空き家数
■ 総住宅数
— 空き家率

図表1　総住宅数・空き家数・空き家率の推移
（出典：平成30年住宅・土地統計調査（総務省2019年9月発表）より筆者作成）

約2.66倍へと増加している。

　空き家率が高い都道府県は、順に21.3％の山梨、20.3％の和歌山、19.5％の長野、19.4％の徳島などと続いており、地方を中心に人口減少における空き家問題が深刻化していることがうかがえる。政府としても、国土交通省が推進する「空き家再生等推進事業」において、中古住宅の活用や老朽化した空き家の撤去を促す政策などを打ち出してはいる（詳細は後述）ものの、空き家の増加に歯止めをかけられていないのが現状だ。

　空き家となっている住宅の取得要因は「相続」が半数を占めているが、空き家所有者の約4分の1が遠隔地に居住しており、所有者による活用方法をいかに見出すかが課題となっている。また、空き家とはいえ、所有者は「固都税」（固定資産税や都市計画税）など不動産にかかる一定の税金を支払う必要がある。空き家を放置しておくことは、資産を目減りさせてしまうことにもつながる。遠隔地に住む所有者にとっても、空き家は大きな課題なのである。

　さらに空き家問題は、個人の資産活用だけでなく、そのまちの価値形成にも関わってくる。いわゆる「シャッター商店街」のように、空き家や閉業したままの店舗ばかりの風景が一定のエリアで広がると、地域の賑わいが失わ

れ、その地を訪れた人たちにはネガティブな印象を与えてしまう。空き家問題を解消することは、個人の遊休資産をよりよく活用すると同時に、活気ある風景が広がる街並みの価値を取り戻す、あるいは生み出すことだといえる。

遊休不動産をまちの負の遺産にしないために

　一方で、人口減少社会にあっては、住居としての貸し出しや分譲にも限界がある。空き家の中には築年数が古く老朽化していて建物の状態が良くないために、借り手や買い手を見つけるのが困難な物件も少なくない。借り手がつくかどうかわからない物件に対して、改修や入居者の募集に管理・運用の労力を投じる余裕がない所有者も少なくないし、そもそも所有者が特定できない物件も多い。さらに、空き家になった住宅が地域に密集すると、治安上の観点からも居住環境の悪化につながることが懸念されている。

　こうした状況を改善するため、国土交通省は、空き家再生や空き建築物の利活用を推進する「空き家再生等推進事業」を実施している。具体的には、例えば空き家住宅が集積していることで地域全体の居住環境を阻害しうると判断され、空き家住宅などの計画的な除却を推進すべき区域として地域住宅計画や都市再生整備計画に定められた区域において、空き家を撤去する取り組みを行っている。また、事業主体（地方公共団体および民間事業者）に対して、不良住宅や空き住宅の除去や所有者の特定、個別の空き家の実態把握調査などにかかる費用を国と地方自治体で補助し、跡地をポケットパークなどのまちに開かれた場所として活用することも後押ししている。

　さらに、空き家の撤去だけでなく、空き家の整備や改善による新たな居住空間の活用や、住居ではなくカフェや本屋など滞在型の施設やシェアオフィスなどの交流施設、ホステルなどの宿泊施設、体験学習施設、創作活動施設、文化施設等の用途転用のため、用地費を除く空き家の取得や移転、増築、改築等にかかる費用を一部補助する仕組みもある。また、所有者が不明になっている土地を、地域の公益にかなう目的に限って活用できることを定めた特別措置法が2019年6月1日に施行されている。特措法が定める手続きを踏めば、地方自治体に限らず、民間企業やNPOなども土地を活用することが可能になっており、管轄の都道府県知事が申請を審査し、その公益性が確認されれば、最長10年の使用権が認められる。

このように空き家を積極的に活用し、地域の遊休不動産を負の遺産にしないために、国や地方自治体が連携した課題解決への取り組みが進んでいる。

既存価値を活かすリノベーションへの注目

空き家の中でも、古民家（厳密な年数基準は定められていないが、国が制定する文化財登録制度においては築50年以上が対象となっており、一般的にも50年以上の築年数があるものを古民家と指すことが多い）や、建築技法や建材の希少性が高い建物である場合、それらを文化資源と捉えた活用方法が求められる。既存の価値を活かした「リノベーション」と呼ばれる改修術や、自身の手で家具や内装を工作する「DIY」への関心の高まりも、建物に愛着や個性を見出す動きを後押しする機運になっていると考えられる。

実際、古民家が地域の文化や風土を生かした個性と希少性のある建物であることから、その保全や利活用を推進する動きも出ている。Case 3で取り上げた「谷根千まちづくりファンド」をはじめとしたまちづくりファンドも、古民家再生を歴史ある地域資源を活かした街並み保全につなげようとするものだ。

一方、活用しやすい空き家への改修は決して簡単ではない。住宅用途であれば、現代のライフスタイルや家族構成の変化に対応した間取りなど、需要に合わせて居住性・快適性を向上する改修が求められてくる。店舗用途であれば、建物の構造や個性を活かしつつ、きちんとした売上を生み出す経営視点に基づいた空間設計が欠かせない。

また、建物の改修費用を、誰が、どのように、いつ負担するか、といった収益構造やキャッシュフローも重要になってくる。先述のように、空き家の所有者にとって、固定的な負担としてのしかかる税金は悩みのタネだが、かといって闇雲に改修しても借り手がつかなければ意味がない。

そんななか、こうした空き家再生を取り巻く課題の解決を事業戦略に掲げ、様々な形のリノベーションサービスの提供による個性的なビジネスモデルを実践するベンチャー企業や不動産会社も増えてきた。

例えば不動産会社のルーヴィスは、自社で空き家を借り上げてリノベーションを施した後、一定期間転貸（サブリース）する「カリアゲ」というサービスを展開している。スキームは以下の通りだ。築30年以上で1年以

上空いている空き家を対象に、ルーヴィスが物件の所有者と6〜8年の賃貸借契約を結び、同社で改修や再生を行い、その後転貸で入居者を募集する。同社は入居者の募集や入退去手続きといった物件の管理・運用を担い、物件所有者に保証料として賃料の10％を支払う。同社の契約期間終了後は改修された物件を所有者自身で管理（同社がその後の物件管理業務を請け負うことも可能）していくため、そのまま入居者賃料の100％がオーナーの収入となる。借り手がつかない期間のリスクを同社に肩代わりしてもらいながら、所有物件のリノベーションにかかる費用を大幅に削減することができる仕組みだ。

ほかにも、空き家再生を手掛ける人材育成を地域活性と紐付けた「リノベーションスクール」がある。リノベーションスクールでは、空き家や空き店舗を題材物件として物件所有者に提供してもらい、「ユニット」と呼ばれる10人程度のチームを組んでその物件を活用した事業プランを練り上げ、所有者に提案する実践型のスクールだ。所有者からの了解が得られれば、スクール後、その提案を基にブラッシュアップを行い、実際に事業化を目指す。これまで、全国各地でリノベーションスクールが開催され、スクールをきっかけに多くの事業が立ち上がり、ゲストハウスや飲食店などの開業につながっている。

このように、空き家や使われなくなった商業ビルなどの建物を「まちの資源」として捉え、再生することでまち全体を元気にしていく「リノベーションまちづくり」の考え方が一般的に浸透しつつある。今求められているのは、物件の所有者と、物件の再生を手掛けるプロデューサーをはじめとする関係者全員がメリットを享受できる新たな仕組みづくりだ。

各地の自治体では、空き家再生を積極的に推進することで地域の賑わいを創出しようとする様々な取り組みが行われている。地域の価値を向上させる、いわばエリアブランディングを推進していく観点からも、都市計画や都市ビジョンの策定において、リノベーションを1つの有力な手法として政策に取り入れる例は増えてきている。この意識変革は各地の地域金融機関においても同様で、地域資源を活かしたまちづくりを展開することで、まちの持続可能性を高めることの意義への理解が広まっているように思われる。

民間主導の地域経営「エリアマネジメント」

　地域にある様々な資源を、それぞれのステークホルダーがこれまでにない新たな視点と手法を携えて協働しながら活用するには、どのような方策が考えられるだろうか。

　地域の魅力を高めるためには、斬新な発想力や多くの人達を巻き込むPR力、魅力的な商品開発力や空間設計力など、民間企業ならではのユニークな力が大きく求められてくる。そこで、特定のエリアを単位として考え、民間が主体となってまちづくりや地域経営を積極的に行おうという取り組みが、エリアマネジメント[*1]である。これまで行政が担ってきたインフラ整備やハード面の開発とは違い、地域の幅広い課題解決やソフト面を重視したまちづくりを民間企業が担うことで、地域のよりよいイメージやブランドの確立を目指すものだ。

　現在、民主導あるいは官民協働型のまちづくりへの期待から、大都市の都心部、地方都市の商業地、郊外の住宅地など、全国各地でエリアマネジメントの取り組みが実践されている。例えば、東京の大手町・丸の内・有楽町地区の市街地エリアのビジョン策定によるエリア価値向上を目指した一体的な計画やソフト事業を展開する一般社団法人大丸有地区まちづくり協議会、北海道札幌市において民間事業者や住民らの参画による収益事業の展開と、その収益による駐輪対策やイベント事業などのまちづくり事業を行う札幌大通りまちづくり株式会社、住宅街全体で資産価値の維持を図るため、住民主体で費用を負担し、まちを管理するマネジメント組織として設立されたNPO法人エリアマネジメント北鴻巣などでは、地域特性を踏まえた組織形態や目的、活動内容となっている。

　こうしたエリアマネジメントの広がりの背景には、地域の長期的なあり方に対する考え方の変化もある。すなわち、これまでは人口増加を受け止めるための都市化のスピードに合わせた適切なインフラ整備を中心に、自治体による都市機能の整備が優先されてきた。しかし、人口減少社会においては、コンパクトな都市構造の実現や、老朽化が進むインフラの改善・整備における管理運営の新たなスキームづくり、持続可能なコミュニティ形成のための適切な成長管理、公的支出を抑えながら地域の魅力を向上させるための民間投資の誘引などが求められるようになってきたのである。

地域共創の拠点をつくる「パークマネジメント」

　都市空間の整備や管理運営においても新たなパートナーシップの模索が始まっている。特に注目の集まる都市空間の例が公園だ。地域住民が憩える生活拠点である公園は、とりわけ都市部においては貴重な緑地であり、災害時には避難場所として活用される防災拠点でもある。そんな誰にでも開かれたパブリックスペースの1つである公園という場所を、人々の生活の一部として適切に管理運営しながら、より良く活用していくための方法論がパークマネジメントである。

　公園の管理運営はもともと、極めて公共性の高い事業として行われてきた。しかし地方行政を取り巻く様々な環境の変化とともに、公園の管理運営と整備のあり方を見直す機運も高まっていった。転機になったのが、公共施設の管理・運営に民間事業者等のノウハウを導入することで効率化を図る「指定管理者制度」の導入である。2003年9月に施行された地方自治体法の一部改正によって、公共施設（スポーツ施設、都市公園、文化施設、社会福祉施設等）の管理方法が管理委託制度から指定管理者制度に移行した。

　これにより、大規模公園から街区公園に至るまで、様々な公園を民間事業者やNPO法人が管理運営することが可能となり、新たな仕組みとパートナーシップのもとで活用する動きが広がってきた。また近年では飲食店や売店等の公園利用者の利便性向上に資する公園施設の設置や、その収益を活かして周辺地域の整備や改修等を行う事業者を選定する「公募設置管理制度」（Park-PFI）が設けられており、公園の整備段階から民間事業者と連携する公民連携の取り組みも進んでいる。新たな管理運営の思想や体系を確立する動きも盛んとなり、公園のマネジメントを地域づくりの中心に据える考えも見られはじめている。

　例えば、公園を単体ではなく周辺地域と一体的に捉える、いわば価値共創型のパークマネジメントによるエリアブランディングがその代表だ。地域が必要としている機能や設備を誘致し、周辺地域とともに空間を盛り上げていくことで、公園は生活者に新たな価値を与える場所へと変化する可能性を持った公共空間となる。

　公園そのものの自立運営型のマネジメントとして、予算を確保し消化するだけの管理のありようから脱却し、自ら収益を生み出して、公園や周辺地域

に価値を還元することで将来への投資へとつなげようとする発想も生まれている。

　例えば、「稼ぐ公園」として知られるアメリカ・ニューヨーク市にある「Brooklyn Bridge Park」は、整備費が公費で賄われた一方で、公園内に設置された収益施設（住宅、大観覧車、スポーツ施設、カフェ等）から生まれる財源により、管理や運営は独立採算でなされている。また、市民に開かれた公園を目指した企画・活動を積極的に推進するため、地元団体等と連携し、非営利団体の「Brooklyn Bridge Park Conservatory」を設立。収益性を見込んで設計・施工から管理運営まで一貫させることによって、地域への価値還元の一層の充実を可能にし、住民が公園に関わるインセンティブを生んでいる。

　東京都豊島区では、南池袋公園の改修に合わせて公設民営をコンセプトにリニューアルがなされ、区や地域住民団体、国内のカフェ運営事業者らによるエリアマネジメント団体が設立された。また、公園に隣接するグリーン大通りなどの公共空間を活用し地域の賑わい創出を図る nest 社がマルシェや野外シネマ等の企画プロデュースを行い、通りと公園を含めたエリア一帯の魅力向上を図っている。エリアマネジメント推進組織を行政、民間事業者、市民らが育てながら、中長期にわたる協力関係において市民参画を促す体制づくりを行っている。

　このように、公園という場所はそのマネジメント次第で、ただ都市の中にある広場ではなく、管理者・事業者・地域住民が共創し、まちを支えるプレイヤーを育てるパブリックスペースとして、地域再生を大きく前進させていく拠点となる可能性を持っているのだ。

＊1　国土交通省によれば、エリアマネジメントとは、「地域における良好な環境や地域の価値を維持・向上させるための、住民・事業主・地権者等による主体的な取組み」（平成20年）と定義されており、内閣官房及び内閣府からは「特定のエリアを単位に、民間が主体となって、まちづくりや地域経営（マネジメント）を積極的に行おうという取組み」（平成28年）と定義されている。

Scene **2**：地場産業の新展開に伴走する

<u>Case 4</u>

豊岡カバンストリート

融資からプロデュースへ
ネットワークを活かした地場産業ブランディング支援
── 但馬信用金庫

1 │ 全国一のカバンの産地

　豊岡市は、兵庫県の北部（但馬地域）の中心都市である。2005年に、城崎郡城崎町・竹野町・日高町・出石郡出石町・但東町と合併したことにより、兵庫県で最も面積が大きい市になった。日本で最後の野生コウノトリの生息地として知られ、保護・繁殖・共生の事業が行われている。とはいえ人口は8万人弱であり、豊岡市においても、地域の活性化は全国の他の地方都市と同様の課題となっている。

　「豊岡鞄」というカバンのブランド名を聞いたことがあるだろうか。東京駅前のKITTE丸の内ビルの1階に豊岡鞄のブランドショップ（2018年9月出店）があるので、そこで目にしたことがある人もいるかもしれない。日本製のカバンの多くが、実は豊岡市でつくられている。豊岡鞄協会によれば、約200社、2,000人程度がカバン産業に関わっているという。

　豊岡のカバンの歴史は古い。712年の「古事記」には、新羅王子とされる天日槍命（アメノヒボコ）によって、柳細工の技術が伝えられた、と記されている。豊岡のカバンのルーツは、その柳細工でつくられたカゴだと言われている。

　奈良時代には豊岡でつくられた「柳筥（やないばこ）」が正倉院に上納されている。円山川下流域に広がる豊岡盆地では、奈良時代より円山川にコリヤナギが自生していた。これを原料として活用した。

　江戸時代には豊岡藩の独占取扱品として、柳行李（こうり）の生産が盛んになった。

1668 年、京極伊勢守高盛が丹後国から豊岡に移封され、柳の栽培並びに製造販売に力を注ぎ、土地の産業として奨励したためである。

　1936 年に開催されたベルリンオリンピックの選手団のカバンには、豊岡のファイバーカバンが採用され、豊岡のカバンの主流を占めるようになった。1953 年には従来のスーツケースの胴枠を改造し、外型崩れ防止にピアノ線を使用したカバンが生まれた。軽くて強靭であることから、他商品を圧倒した。その後の岩戸景気を背景に、豊岡には 300 を超えるカバン関連企業が生まれた。ピーク時には全国生産の 8 割を占めたとの説もある。

　しかしつい最近まで豊岡は、カバンの産地としての知名度は低かった。豊岡のカバン製造業者は、商社が企画するカバンを外注先としてつくっていただけだからである。国内で製造されるカバンの多くを請け負っていながら、豊岡の名前が前面に出ることは少なかった。

2 ｜ 持続的な誘客に悩む商店街の活性化が端緒に

　豊岡のカバンが知られるようになるきっかけは、2004 年に豊岡市にある宵田商店街で持ち上がった活性化の話からだった。

　豊岡駅前の豊岡駅通商店街を東に 1 km 程度歩いて行くと、宵田商店街と交差する。宵田商店街は、南北に通る全長約 200m の雁木造の鉄骨アーケードの商店街である。この宵田商店街をさらに東側に 1 区画行くと、宵田商店街と平行する形で南北に通る県道 3 号線がある。この県道 3 号線は、兵庫県の南側にある神戸や姫路から来る国道と豊岡市街地の北側にある城崎温泉を結ぶ道である。週末になると、県の南部から城崎温泉に行く自動車で渋滞が発生していた。城崎温泉は、兵庫県の日本海側にあり、関西では有馬温泉と並ぶ有名温泉地である。城崎温泉への旅行客の多くは、太平洋側から車でやってくる。豊岡市街が位置するのは、その行き帰りの道中なのである。

　2004 年当時、宵田商店街組合の理事長をしていた兼先正雄氏（兼先商店代表取締役）は、商店街の 1 本向こう側の県道が渋滞するほど車が来ているのに、宵田商店街に立ち寄って買い物をする客がほとんどいないことに対し、「何かいい手はないか」と思案した。以前は、商店街でサンバカーニバルなどのイベントを開催していたが、コストがかかる割には持続的な集客に

はつながらなかった。

　当時の商店街組合の役員は、兼先氏（当時39歳）を含め、オーナー世代からみれば2代目にあたる30代の若手で構成されていた。兼先氏は、商店街の役員である衣川副理事長（当時35歳）、吉井専務（当時30歳）らに相談し、その結果、「やっぱりカバンだろう」と思った。

　2005年、宵田商店街は「カバンストリート」と自称し、それまで商店街ではほとんど扱っていなかったカバンの販売や展示を各店で行うことにした（**写真1**）。また商店街の中に、カバンの情報発信ギャラリーである「カバンステーション」も設置した。365種類のトートバックを置き、誕生日別のバースデートートとして販売した。このカバンステーションの建設には、県の補助金を利用した。

　翌2006年には、カバンの自動販売機も県の補助金で設置した（**写真2**）。カバンの自動販売機は、奇抜さで話題づくりを狙ったものだった。最初に朝日新聞が記事にしてくれた。その後、テレビにも出るようになり、テレビ朝日系列で放映されている「珍百景」にも取り上げられた。

　さらに、カバン職人の世界ではレジェンドと呼ばれる植村美千男氏が、カバンの修理を専門にする「カバン工房」をカバンストリートに出店することを決めてくれた。植村氏は、「カバン製造のオーダーを聞いていたら、死ぬまでに納めきれないほどのオーダーが入る」と言われた人物だという。そのため、「修理ならやる」と言って店を開いてくれた。兼先氏が縁を頼って植村氏に応援を求めた結果であった。

写真1　カバンストリート
（出典：カバンストリートのウェブサイト）

写真2　カバンの自動販売機（左）

植村氏のような有名カバン職人がカバンストリートの応援を決めたことによって、豊岡の製造業者たちも商店街の応援に向き合いはじめた。兵庫県鞄工業組合は 2006 年 11 月に、豊岡鞄に関し、特許庁から地域団体商標としての認定を取った。これで豊岡鞄のブランドが確立され、地元の特産品を地元の商店街で売る体制が整った。

　また、地元のバッグデザイナー由利佳一郎氏が、2009 年にドイツの工業デザイン賞「iF デザインアワード」で受賞したほか、イタリアの世界的バッグショー「MIPEL」にてスタイル＆イノベーション部門の最高賞「ミペル・アワード」を受賞するなど、デザイナーとしての評価を確立させた。今度はその由利氏が、カバンストリートにショップを開設した。こうして、カバンストリートの陣容は徐々に整っていった。

　こうした努力が実り、2009 年にカバンストリートは経済産業省・中小企業庁の「新・がんばる商店街 77 選」に選定された。全国でも商店街活性化と地場産業活性化の両方を狙った事業は珍しかったのだ。すると、兼先氏らの取り組みを冷ややかに見ていた地元の人たちも、少しずつ彼らを認めるような雰囲気になっていった。

3 ｜ 新拠点の建設と中心市街地活性化への取り組み

地元の信金職員の参加

　カバンストリートの活動が始まった頃、但馬信用金庫の宮垣健生氏が協力を申し出た。商店街の役員 3 人に次ぐ 4 番目のメンバーになった。

　但馬信用金庫の本店は、宵田商店街の中にある。預金量 4,400 億円の信用金庫で、但馬地域（豊岡市、養父市、朝来市、香美町、新温泉町）に全 28 店舗のうちの 23 店舗を配置している。宮垣氏は、兵庫県豊岡市に生まれ、慶應義塾大学を卒業後、信用金庫の全国的な組織である信金中央金庫に入り、信用金庫部という部署で全国の信用金庫に対する経営コンサルティングを行っていた。その後、コンサルタントではなく一事業者として地域を活性化させたいと考え、父親が理事長を務めていた但馬信用金庫へ入った。但馬信用金庫では審査・組織戦略・リスク管理・職員研修等の様々な経験をした後、現在は常勤理事兼事業支援部長として勤めている。

今でこそ、但馬信用金庫は事業支援部を中心に「売上・利益の拡大、従業員の採用、移転用地の手配、M＆A支援等の地元企業支援」や「地域横断的なプロジェクトの支援」を行っているが、従来の金融業務の枠を超えた地域活性化に、当初から熱心だったわけではなかった。そうしたなかで、「地元を元気にしたい」と考えていた宮垣氏は、商店街の活性化プロジェクトに対し、当初は信用金庫の業務としてではなく、業務時間外にプライベートで手伝いを始めた。商店街でイベントを行う時には、駐車場での車の誘導係、来場者のカウント係、来場者へのアンケート係などを買って出た。また、商店街の事業の補助金申請書の作成や商工会議所・観光協会・市役所等との調整にも取り組んだ。

　宮垣氏がそうした活動を続けているうちに、地元で「面白い若手信用金庫職員がいる」との噂が立った。その噂を聞きつけた商工会議所が、宮垣氏に「商業活性化委員会の委員長をやってもらえないか」と依頼してきた。宮垣氏の活動は、公的な機関からの依頼が舞い込んだことによって、個人的な取り組みから金融機関としての仕事に変わった。

トヨオカ・カバン・アルチザン・アベニューの建設

　2010年7月、豊岡市は、豊岡駅前から宵田商店街（カバンストリート）までの中心市街地を構成する地権者、市民、民間企業などの関係者で「豊岡市中心市街地活性化基本計画策定委員会」を設置し、宮垣氏に委員長への就任を要請した。

　当該委員会は、11回におよぶ意見交換を踏まえ、「中心市街地基本計画」の素案をまとめた。その基本方針は、住まう（まちの定住人口の確保）、集う（まちに来る人を増やす）、商う（まちにお金が落ちる）の3つである。

　この計画づくりの過程で浮上した具体的施策の1つが、豊岡のカバンを発信する拠点となる新施設の建設である（図表1）。「中心市街地基本計画」の基本方針のうちの、「集う」と「商う」の2つを意識したものだった。

　カバンストリートに面する但馬信用金庫の目の前に、大型の空き店舗があった。これを建て直して新拠点をつくろう、ということになった。拠点の運営は従来から豊岡市街地のまちづくりを担っていた豊岡まちづくり株式会社（豊岡市と地元事業者たちが共同出資した第3セクター）が担うことに

「カバン新拠点」のイメージ

図表1 「カバン新拠点」のイメージ（出典：但馬信用金庫）

なった。設備投資資金は全額、国の補助金を活用した。こうして 2014 年に「トヨオカ・カバン・アルチザン・アベニュー」が完成した（**写真3**）。

　このビルは、豊岡のカバンの起源である柳行李の編み込みのディテールや素材感を表現するデザインになっている。「アルチザン（職人）」をコンセプトに、1F をショップ、2F をカバンのパーツを販売する専門店、そして 3、4F をカバン職人育成専門校とした。地場産業の活性化プロジェクトで、しっかりした学校を設立した数少ない事例の1つとなった。

　以前の物件は、奥に長く天井が低い設計となっていた。中心部に3層を貫く吹き抜けを設けることで、光や風、そして職人生徒の気配を階下に届けることにした。トヨオカ・カバン・アルチザン・アベニューは、2014 年度のグッドデザイン賞を地域づくり部門で受賞した。

新規出店の増加とさらなる街並み整備への展開構想

　トヨオカ・カバン・アルチザン・アベニューがオープンした後、カバンス
トリートの活動も活発化した。カバン・アパレルの新規出店が5店舗、第
二創業が1店舗現れた。その第二創業を果たしたのがカバンクリーニング
の専門店「キヌガワ」である（**写真4**）。カバンストリートを始めた頃の商
店街組合で副理事長を務めていた衣川氏（後に商店街組合理事長）の店だ。
キヌガワの第二創業は、宮垣氏がコンサルティングで支援した。

　キヌガワは、もともと地域では二番手のクリーニング屋であった。一番手
が7割のシェアを持っていたので、価格競争に巻き込まれると勝ち目がな
かった。衣川氏と宮垣氏がどう差別化できるかを悩んだ末に、行き着いたの
が「カバンクリーニング」への特化であった。キヌガワでは、ブランドカバ
ンのクリーニングを1個2〜3万円程度で請け負っている。これだけの高
額であるにもかかわらず、「おじいちゃんの形見のカバンをきれいにしてほ
しい」とか、「昔、海外で買ってきたブランドのカバンをきれいにしてほし
い」といった注文が全国から相次いだ。当初、社長とパート従業員しかいな
かったキヌガワは、正社員が7名に成長した。

　2016年には、カバンストリートの活性化に一層の弾みをつけるために、
宵田商店街が主体となり、兵庫県や豊岡市も交えた「まちなか再生協議会」
が立ち上げられた。ここで、カバンストリート沿いの道路を一方通行にし
て、歩道を拡張し、植栽を整え、ヨーロッパ風のレンガの道にするといった
再生整備が検討されている（**写真5〜7**）。

上左：写真4　カバンクリーニング専門店「キヌガワ」
上右：写真5　まちなか再生協議会の様子
下：写真6・7　まちなか再生協議会が検討する整備イメージ（左：現況、右：整備後）
(提供：すべて但馬信用金庫)

4 ｜ 地域外の専門家との連携による地元のブランド化

　生産集積地を地元ブランド化した成功例としては、愛媛県の「今治タオル」が挙げられる。そこで宮垣氏は、信用金庫同士の連携を活用して、愛媛県の愛媛信用金庫と連絡をとり、今治タオルと豊岡鞄の連携を実現した。豊岡鞄と今治タオルの産地が、互いにそれぞれの地元を訪ね、地場産品を活用したまちおこしを学び合った。宮垣氏は、今治のタオル業界を視察した際、デザイナーを活用し、営業担当者などを適切に配置している今治の体制を目にして、豊岡に不足している点を痛感したという。

　2016年秋、トヨオカ・カバン・アルチザン・アベニューの運営担当を探す際に、宮垣氏は兵庫県のプロフェッショナル人材支援を活用する提案をし

た。すると、1週間で100件の応募があった。もっとも、条件がうまく嚙み合わず、結局採用に至らなかった。この結果を見て、宮垣氏は「もったいない」と思った。これだけ集まった応募者の中には、カバン業界を活性化してくれる人材がいるはずである。宮垣氏は「但馬信用金庫でこうした人材を採用して、地元のカバン業界の活性化に活躍してもらおう」と考えた。

　宮垣氏は、極めて異例ながら「金融機関での業務経験は不問」とし、カバン業界のブランド力向上、販路開拓、新商品開発を支援してくれる人材を、但馬信用金庫の職員として募集した。その結果、約140件の応募の中から採用されたのが宮崎一隆氏である。

　宮崎氏はかつてアパレル大手の株式会社ワールドに勤め、商品の企画から製造・販売までを一貫して行うプロジェクトのマーチャンダイザー（MD）の経験があった。MDは、マーケットやトレンドを分析し、商品企画から販売計画、予算・売り上げを管理するアパレル企業のブレーンとも言えるポジションである。2015年にワールドが業況悪化から希望退職を募ったのに応募して退職したが、「再びアパレルの仕事をしたい」という思いがくすぶっていた。そんな時に、但馬信用金庫がカバン業界の販路開拓を支援する人材を募集していることを知ったのだという。

　「なぜ金融機関がカバン業界のマーケティングの専門家を募集するのか」という戸惑いもあったが、ファッション業界に関わりながら、自分の強みやこれまでの経験を活かしつつ地域に貢献できることに魅力を感じ、応募した。

　宮崎氏は採用後、従来からのネットワークを駆使し、国産カバンのウエイトを高めたいと考えている東京の有名カバン店などに、すかさず豊岡のカバンを勧めて、販路開拓支援で実績を挙げた。

　また宮崎氏は、豊岡のカバン業界に新たな提案を行った。女子大学生と連携したマーケティングである。関西の女子大学生を中心とする1万人を超える学外サークルと連携し商品開発を行った**（写真8・9）**。協力してくれた学生の中には、インスタグラムのフォロワーが1万人を超える子もいた。

　学生たちには、「自分たちが社会人になったら、どんなバッグが欲しい？」とのお題を出して、カバンのデザインを考えてもらった。このプロジェクトで開発した商品を集めたファッションショーを企画し、東京、大阪、福岡な

写真8・9　女子大学生との打ち合わせ風景（提供：但馬信用金庫）

どで開催した。学生たちが選んだカバンは、彼女たち自身が自分ごととして
カバンづくりに楽しみを見出し、インスタグラムなどの SNS にアップして
くれる。この宣伝効果は大きかった。

　こうして考えられた就活用バッグは、すでに中国での生産が行われてい
る。学生は年々卒業していく。毎年、異なるメンバーによって、その年ごと
の就活用バッグのモデルを投入する方針である。このような取り組みは、新
しいものづくりのあり方にもつながっている。

　「豊岡のカバン製造は、元々 OEM（他社のブランドでの製造）が中心で
したので、自ら企画・提案していくノウハウについては発展途上にありま
す」と宮崎氏は言う。宮崎氏は、豊岡のカバン事業者の企画・提案力の醸成
のために、アウトドアメーカーやデザイナー、アパレルメーカーなど、これ
まで豊岡のカバン産業とは接点のなかった外部企業を集めてニーズを語って
もらい、それを聞いた豊岡のカバン製造企業が企画案をつくってプレゼンす
る会合を継続的に開催するようにした。そのプレゼンが外部企業のニーズ
にマッチすれば、そのまま商談になる。また、採用されなかった企画につ
いては、クラウドファンディングやクラフトマーケットなどでのポップアッ
プショップを活用して、直接消費者の感触をうかがうことも考えている。仮
に、企画・提案がうまくいかなくても、「その体験を将来に活かすことが大
事」というのが宮崎氏の考えだ。

5 地元金融機関がつなぐネットワーク

このように、豊岡のカバンがブランドとして育ちはじめると同時に、地域の商店街の活性化のツールとなった背景には、商店街、カバン製造業界、地域外専門家の連携がある。それらをつないできたのが但馬信用金庫だった。

さらに、但馬信用金庫は、行政との連携も図ってきた。トヨオカ・カバン・アルチザン・アベニューなどのカバンストリート全体に関わる施策には補助金が活用されている。また但馬信用金庫は、先述のキヌガワを含め、カバンストリートに出店している個々の商店に対しても、融資と補助金（創業・第二創業補助金、空き店舗補助金、販路開拓補助金等）を組み合わせる形で支援してきた。

総務省が主管する「地域経済循環創造事業交付金」という地域活性化のための支援制度がある。これは、地元資源の活用と地元の人材を雇用するプロジェクトに対し、地元の地域金融機関が交付金と同額程度の融資を行うことを条件に、地元の自治体が申請することによって、国から交付される資金である。実は、全国でこの交付金を一番活用している金融機関が但馬信用金庫である。例えば地元のカバンメーカーである株式会社ウノフクは、先述の女子大学生と連携したマーケティングを活用しているうちの1社であるが、在庫管理システムの更新および海外向け商品開発、撮影スタジオ整備などにおいて、但馬信用金庫のサポートにより、この交付金を利用した。

トヨオカ・カバン・アルチザン・アベニューなどを国の補助金の導入で支援した豊岡市の若森洋崇氏（現政策調整部政策調整課参事）は、「行政には、事業の立ち上げを補助金などで支援できる力がありますが、継続的な運営が可能かどうかを見極めるのは苦手です。このため、金融機関による事業性の目利きを前提に、行政が補助をしていくことが効果的な連携になると思います」と話している。

事業の継続を中心にプロジェクトを検討できる金融機関だからこそ、連携先のベストミックスを考えることができる。しかし、金融機関がその潜在的な能力であるネットワーク力を発揮するためには、従来の伝統的な業務のみに縮こまらない姿勢が必要になる。多くの取引先を有する地域金融機関が、そのネットワーク力を活かし、従来の業務を超えていく勇気を持てば、地域

の活性化に貢献できることは、豊岡のカバンが教えてくれる。

関係人口を意識したコンテンツ誘致型
地域おこしの実践と課題

地域との関係性を持つ「関係人口」という新たなつながり方

　地域に暮らしている人の数は「定住人口」、観光目的で地域を訪れる人の数は「交流人口」と呼ばれる。人口減少・高齢化が叫ばれるなかで地域の担い手不足を解消してゆくためには、こうした定住人口や交流人口だけでなく、様々な形で地域に関わる人を増やす必要がある。そこで近年、キーワードになっているのが「関係人口」である。

　「関係人口」とは、文字通り、地域と何らかの関係性を持つ人の数を指す。例えば、祖父母の実家があるなど自身のルーツがあって定期的に訪れていたり、交友関係のある人が暮らしていて訪ねることがあったり、特定の趣味のために頻繁に訪問していたりと、「関係」のありようは様々である。近年ではクラウドファンディングやふるさと納税などをきっかけに、インターネットを通して特定の地域で行われている取り組みに参画する人も増えている。友人・知人が関わるプロジェクトの応援を機に知らなかった地域に親しむようになったり、好きな漫画やアニメの舞台となった地域に足を運ぶようになったりして、最終的には移住にまでつながったケースもみられる。

　それでは、こうした関係人口を増やし、地域再生につなげてゆくために、どのような試みが考えられるだろうか。ここではそのアプローチの例をいくつか紹介したい。

コンテンツツーリズムへの期待から進むフィルムコミッションの設置

　関係人口の拡大や地域ブランドの創出をねらい、映画やドラマ、アニメといったコンテンツの舞台となることで注目を集め、そのファンを観光客として誘致しようとする地域も多い。背景には、「聖地巡礼」と呼ばれる現象への注目がある。これは、ツイッターやインスタグラムをはじめとするSNSの普及もあいまって、作品の舞台となった重要な場所に思い入れのあるファンが（時に大挙して）足を運ぶ様子を、宗教的な意義を持つ本来の意味にな

ぞらえて呼ぶものである。とりわけ、漫画やアニメなどバーチャルな物語の場合、実際にその地に存在する風景にとどまらず、作者によって創作された情報までもがその土地の付加価値となって「聖地化」する場合もある。それまで地元の住民でさえあまり訪れることのなかった場所が聖地化され、域外からの来訪者が増えることで、住民の認識を変える例もみられる。

このようなコンテンツをめぐる人々の動きを観光の一形態と捉えるのが「コンテンツツーリズム」という考え方である。政府もクールジャパン戦略と連動しながら、特にインバウンド観光客の誘致戦略の1つに、聖地巡礼を契機とするコンテンツツーリズムを位置づけている。

この潮流への期待から各地の自治体で設立が進んでいるのが、「フィルムコミッション」と呼ばれる組織体である。これは、映画やドラマなどのロケ地としての撮影の誘致や、制作側のニーズの把握や地域内との調整、ロケーション手配をはじめとする撮影サポート、域内外へのプロモーション等を担う組織のことである。フィルムコミッションの事務局は一般的に、地方自治体が管轄する組織や観光協会内の部署に置かれることが多い。

近年では、制作物を観光政策に活かしたり、撮影を機に地域にある文化資産の保全・活用に取り組んだりと、フィルムコミッションを通じた観光・文化振興の実践が注目されている。このため各地でフィルムコミッションの設立が加速し、誘致合戦にもなりつつある。

また、制作や撮影を誘致したい地域や施設の情報を掲載し、撮影場所を探している制作会社とマッチングするサービスも登場している。例えば「ロケなび！」では、地域・施設を相手に制作現場のニーズや撮影受け入れのコンサルティングなども提供している。

このように、官民の枠を超えて文化コンテンツによる地域振興を図ろうとする動きが加速しているといえる。

地域の負の記憶にアクセスする「ダークツーリズム」

コンテンツツーリズムに類するものとして注目されている観光のあり方に、「ダークツーリズム」がある。ダークツーリズムとは、1990年代にイギリスで初めて提唱された概念で、人類の歴史において負の側面を持つ場所への観光を指すものである。代表的なものとして挙げられるのはポーランドにある

ナチス・ドイツの「アウシュヴィッツ＝ビルケナウ強制収容所」だ。同施設は 2000 年代に入り、入場者数が数倍に増えているという。他に、9.11 アメリカ同時多発テロの現場の 1 つとなったニューヨークの「グラウンド・ゼロ」、広島の「原爆ドーム」や長崎の「平和祈念像」などもその例といってよい。どんな地域の歴史にも、戦争や災害、病気、差別、公害など様々な負の側面が少なからずあるが、こうした悲しみを帯びた歴史に向き合い、同じ悲劇を繰り返さないようにしたいという人々の意識が背景にあると考えられる。

　一方、負の側面をもつ場所としての性格上、観光という形で訪れること自体を敬遠すべきとする主張もある。例えば、東日本大震災の被災地で震災の遺構をどのような形で留めておくべきか、あるいはそもそも遺構を残しておくべきなのかどうかが議論となったことは記憶に新しい。地域住民の中には、トラウマを喚起する可能性もある負の遺構は留めておくべきでないという考えを抱く人もいる一方、域外から訪れる観光客にとってみれば、その地域の歴史を負の面も含めて深く知りたい場合もある。

　物見遊山的な観光を誘致するだけでなく、ダークツーリズムも含めた多様な観光も受け入れる体制を整備しておくことは、外部からの訪問者による多面的な地域理解をまちづくりにフィードバックし、地域の将来像を示していくうえで必要だと思われる。

再考を迫られる芸術による地域おこしのあり方

　地域の関係人口を増大させることをねらう昨今の取り組みとして忘れてはならないのが、アートをコンテンツとする、いわゆる「芸術祭」の開催である。2000 年代以降に開催されてきた、ある特定の地域を舞台とする芸術祭は、「大地の芸術祭 越後妻有アートトリエンナーレ」「瀬戸内国際芸術祭」「横浜トリエンナーレ」「あいちトリエンナーレ」等の大規模なものから、予算規模数百万円程度の小規模なものまで 50 以上はあるといわれている。とりわけ瀬戸内海の島々を中心的な舞台として開催される瀬戸内国際芸術祭は、会期を通じて 100 万人以上の来場者を記録するなど、1 つの社会現象として大きな注目を集めている。2014 年に評論家の藤田直哉が文芸誌『すばる』誌上で発表した論考「前衛のゾンビたち―地域アートの諸問題」で述べているように、文字通り「ある地域名を冠した美術のイベント」であると

いえる。

　こうした芸術祭の特徴の1つに、創作の担い手がアーティストだけにとどまらないことが挙げられる。住民から募られたボランティアスタッフ、プログラムとして開かれるワークショップなどへの参加者、開催地の自治体で働く職員、そして会期中に訪れる観客など、芸術祭に関わる多様な人々が皆、「芸術」の担い手と見なされ、人々のつながりや現場で巻き起こるコミュニケーションなど、芸術祭というプロジェクトのプロセスそのものにしばしば注目が集まる。したがって、アーティストの制作物も舞台となっている地域の歴史や文化を読み解いたものになることが多く、作品のキュレーションや展示の過程においても、地域ならではの文脈が考慮される。例えば大地の芸術祭は、およそ200の集落を展示場所とし、世界中のアーティストによる約200の常設作品や、会期中に公表された新作を点在させることで、来場者が作品をきっかけに豊かな里山の美しさを五感で体感できる設計になっている。

　一方で、地域活性化を意図した公的な文化政策という色を帯びる芸術祭においては、社会貢献を意識したアートプロジェクトや作品が採用・実施されやすい傾向にもあり、そうした作品展開のなされ方が芸術文化の価値を歪曲させる側面もあるとして、芸術祭の意義を疑問視する声もある。

　さらに、2019年のあいちトリエンナーレにおいては、一部の展示作品が発する政治的メッセージに非難の声が集まったことから、当該の作品展示が中止となり、社会問題化した。作品展示に対する行政介入に対して検閲的であるとの指摘がなされたほか、対応をめぐって芸術祭の実行委員会と行政とで作品に対する姿勢の違いが浮き彫りになるなど、今後の芸術祭のあり方に大きな影響を及ぼす事件となった。

　芸術作品を単なる観光客誘致のための装置としてしかみなさないことは、芸術と不可分なはずの表現の自由や批評性を抑圧する考え方である。芸術はただ観る者を魅了する作品ばかりではない。時に、権力者や行政に対抗する手立てにもなりうるものなのである。社会における芸術のあり方やその価値への理解を踏まえ、芸術文化を芸術祭のような形で地域おこしに利用しようというアプローチそのものが再考を迫られているのではないだろうか。

<u>Case 5</u>

庄内インキュベーションパーク

まちぐるみの出資を促進
知的産業を軸にした民間主導の地域振興
── 山形銀行

1 知的産業の拠点としての地域再生

　山形県北西部に、かつての庄内藩の名残として地域の人たちから今なお「庄内」と呼ばれ親しまれている地域がある。西は日本海側に面し、東は月山を中心とする出羽丘陵によって県内陸部と隔てられ、北は鳥海山系が秋田県との境を、南は朝日山地が新潟県との境をなしている。

　自然豊かな地域である反面、交通インフラの乏しさが課題となっている。地域の中心的な都市である酒田市および鶴岡市から車で約20分程度の距離に庄内空港がある。羽田空港間を1日4便のフライトが飛び交い、2019年8月からは東北路線初となるLCC*¹のジェットスターが運行開始し、成田国際空港からの便も開通するなど、空の便は次第に整いつつあるものの、新幹線や高速道路は通っておらず、県内でも陸の孤島のような場所と指摘されることもある。

　人口減少についても課題先進地域だ。2017年のデータによると、庄内地域全体で約27万人、そのうち15〜39歳人口は約6万人だが、2045年には2万7000人と半数以下にまで落ち込む見通しである。全国の人口減少率28.2%、県全体の47.7%に比べても急速な人口減少は、進学や就職で県外に出る若者の多さにも起因している。

　若い人が地域に滞在、もしくはI・Uターンする仕組みをつくり出しながら、庄内という地域でいかにして次の時代に対して明るい展望を持ち、かつ地域としての持続可能な産業構築や定住人口を増やしていくか。まちにとっ

て、こうした地域課題が待ったなしで迫っているのだ。

　庄内地域の中心地の1つである鶴岡市では、総人口が1955年をピークに1980年以降一貫して減っており、2010年から2015年の5年間で約7,000人が減少。現在の人口は12万人弱になっている。高校卒業者の県外転出率は進学者が80％、就職者が30％と庄内地域でも若者の人口減少率の高い地域で、このまま減少が続けば行政としても安定的な財政基盤が築けない。

　すでに20年前から人口減少が叫ばれていた鶴岡市では、これまで庄内空港の距離の近さから工場など多くの企業誘致に取り組んできたが、さらに新たな産業創造に力を入れるべく、2000年に当時の鶴岡市長である富塚陽一氏が「長期的な目線で新たな産業を生み出す」ための構想を掲げた。その目玉の1つが「鶴岡サイエンスパーク」（以下、サイエンスパーク）だ。国道バイパス沿いにある21haもの農地を転用し、従来の企業誘致による都市間競争から、新しい知的産業の拠点づくりへの転換を目指した。

　2001年、山形県と鶴岡市が学校法人慶應義塾と協定を締結し、この協定に基づき年間7億円を補助する長期的な投資として、21haのうち7haの土地に慶應義塾大学の先端生命科学研究所（以下、先端研）が設立される。バイオテクノロジーをはじめとする、サイエンス系の技術を活用したベンチャーを生み出す場所としてスタートした。

　所長に就任した、生命科学者で慶應義塾大学環境情報学部教授の冨田勝氏は「単なる大学のキャンパスや研究所にとどまらない、鶴岡ならではの研究に取り組める場所にしたい」という方針のもと、即効性のある成果に評価が偏りがちな環境では予算を獲得しづらい、変わり種の研究を続ける優秀な研究者たちを集めた。長期的な視野で学術投資を行うことにより、世界最先端のバイオベンチャーを鶴岡の地元産業に育てようとしたのだ。

　先端研設立から20年近くが経つが、これまでに6つのバイオベンチャーが誕生している。その1つがヒューマンメタボロームテクノロジーズ株式会社（HMT）だ。2003年設立の同社は、代謝物質（メタボライト）の種類や濃度を網羅的に分析・解析する手法に基づく、メタボローム受託解析の提供で2013年にマザーズ上場も果たした。HMTは庄内初の上場企業であり庄内地域としても大きな成果の1つとなった。他にも、石油などの化石資源に依存せず、微生物発酵プロセスによりつくられるタンパク質素材（ブ

リュード・プロテイン™）の開発を通じて、サステナブルな社会の実現に取り組むスパイバー株式会社などが拠点を構えている。サイエンスパークは、今では先端研と関連ベンチャー6社で400人以上が働くほどの規模となっており、ベンチャーの中心世代である25〜34歳に限れば、鶴岡市を含む庄内地域内では2009年以降転入超過が続いている。

2 ｜ 未活用地から始まった社会課題解決事業の構想

　このように、一定の成果を上げてきたサイエンスパーク開設後も、敷地21 haのうち残りの14 haは未着手のまま取り残されていた。先端研の建設時に土地と建物を市が用意し誘致を図ったという経緯もあり、研究所の基礎研究などのために鶴岡市が3.5億円、山形県が3.5億円の年間7億円の予算を充てている。

　財政の厳しい地方自治体において、市単体で3.5億円もの予算捻出が年々難しくなってくるのは明白だ。そのため、サイエンスパークの取り組みに対して一部の住民からは「よくわからない学術研究に、どうしてこんなに予算を割く必要があるのか」と疑問の声もあがっていた。

　財政が逼迫するなかでどのような手が打てるか。市としても都市機能を拡充するための安定的な収益確保の必要に迫られていた。しかし、計画当初から開発設置は研究者が利用できる施設のみで、地域住民も利用できる一般商業施設は作らない開発計画だったこともあり、財源を確保しながら残りの14 haを活用する有効な計画を打ち出せないまま、10年以上が経過した。

　そうした折、冨田所長の誘いでサイエンスパークを訪れたのが、三井不動産に当時勤務していた山中大介氏だった。社会課題解決のための事業を立ち上げたいと以前から考えていた山中氏は、サイエンスパークの研究者らが研究成果を社会実装しながら、地球規模の課題解決に取り組む様子を目の当たりにし、自ら退職を決意。縁もゆかりもない鶴岡市へ家族とともに移住し、2014年にサイエンスパーク内のベンチャーであるスパイバーに入社する。

　入社後、前職の商業施設開発の経験を買われ、サイエンスパークを含む未活用の土地開発検討チームに参加することになる。市や県の担当者、サイエンスパークの担当者らと会議を重ねるなかで市側の焦りを感じた山中氏は、

このタイミングで鶴岡市に身を置くことになった境遇に運命めいたものを感じ、未活用の土地の開発を主導しようと、2014 年 8 月に資本金 10 万円でヤマガタデザイン株式会社を設立したのだ。

3 ┃ まちづくりの自分ごと化を訴え資本 23 億円を調達

　当初は、敷地内の 14 ha を農地転用により開発することを軸に事業計画を立てはじめたものの、それだけでは事業に限界がある。そこで、サイエンスパークを軸とした庄内全体のまちづくりを担う会社にするという大きなビジョンを掲げることで、庄内地域に貢献できると山中氏は考えた。

　とはいえ、少ない資本金では事業推進もままならない。前職時代の関係を頼って、東京に拠点を置くベンチャーキャピタル（VC）や投資家らに出資を募ったものの、鶴岡や庄内という地域の課題はおろか、山形という地方での不動産投資に目が向けられることはなかった。

　ある時、サイエンスパークの開設やヤマガタデザインの創業にかかわってきた地元の山形銀行にプレゼンテーションをする機会が訪れた。その時のことを山中氏は話す。

「鶴岡に来て数カ月の人間が、鶴岡市、ひいては庄内のまちづくりについて、役員に対して提言できたのは幸運なことでした。とはいえ、社会状況の厳しい庄内だからこそ『地元の人たちが開発やまちづくりに意識を向けなければ意味はない。まちと共存共栄である地銀として何か手を打たなくていいんですか』とはっきり言わせてもらいました。その心意気を買ってもらい、山形銀行の出資が決まり、さらに他の地銀にも掛け合ってもらえました」

　山形銀行が主導し、鶴岡信用金庫やきらやか銀行から出資を、鶴岡信用金庫や荘内銀行、および日本政策金融公庫からは融資を受けることになった。山形銀行をはじめとする地域の金融機関が出資や融資を決めたことを皮切りに、金融機関からの紹介を受けた地元に縁のある企業らの支援も広がり、出資企業は合計 40 社を数えた。その結果、融資を除いた資本部分の調達額だけで、地方企業としては異例の総額 23 億円となった。

　未来の庄内のまちづくりという大きなビジョンを、地元の企業や金融機関がまさに “自分ごと” として捉えて応援したり参画したりすることにより、

地域を持続可能な形にしていこうという長期的な考えがそこには込められている。

「自分の息子や孫たちは東京に住んでいるが、たまに鶴岡に帰ってくる。その時に、息子や孫たちに鶴岡にはこんな場所あるよ、と言えるまちにしたい」——ある地元企業の社長が語った言葉を、山中氏は「今でも強く心に焼き付いています」と話す。総額 23 億円の資本が集まった理由の多くは、まちの未来に向けたまちづくりに対する "自分ごと化" という当事者意識によって積み上げられた資本とも言ってもいいだろう。

4 ｜ 主体的に産業創造を進める山形銀行の取り組み

ヤマガタデザインの資金調達時に金融機関を主導した山形銀行は、山形県全体が 2010 年を起算に今後 30 年間で約 30 万人の人口減少が試算される現状に強い課題感を抱いていた。経済基盤における県内 GDP を 3 兆 7 千億円レベルで維持することを目標に、高齢化や人口減少を含めた課題を解決しながら、県内経済全体の活性化を図る必要に迫られていた。そのためにも、これまでのように黒子に留まるのではなく、自らが産業の主体となって新たなビジネス創造を進めようと、2012 年 7 月から「山形成長戦略プロジェクト」をスタートさせた。

同プロジェクトは、6 人の行員を目先の銀行業務から完全に切り離し、産学官金の連携によって山形の強みや地域資源を産業に変えてゆくことを目指したものである。銀行自らが「人を出し、お金も出して」コーディネートするという活動方針で、「頭取である長谷川吉茂氏の肝煎りのプロジェクトとしてスタートしました」と、メンバーの 1 人で営業企画部山形成長戦略推進課の石山洋氏は語る。

産業活性化の軸として、大学や研究機関のインキュベーション機能を活用することを柱とし、銀行も地域のメインプレイヤーの一角として自ら働きかけをしていく。そんな目標を掲げて当初は 2 つのプロジェクトに優先的に取り組んだ (図表 1)。

1 つ目のプロジェクトが、産業集積地創出を目指す、技術優位性の高い学術機関を核としたインキュベーションパークの構築で、モデル地区として鶴

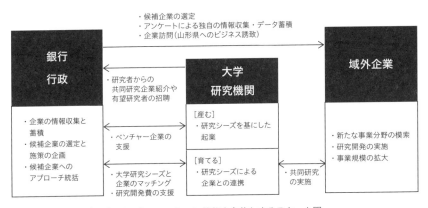

図表1　山形銀行が掲げるインキュベーション機能を主体とするスキーム図

岡市と米沢市・飯豊町を設定している。鶴岡市では、前述のサイエンスパークの活用を含めたバイオ関連の産業集積に注力している。

　山形銀行では、サイエンスパークを中心に企業誘致と起業支援を行っている。企業誘致では、企業誘致ワーキンググループを組成し、サイエンスパークの現地視察やアライアンス先の紹介やファンド・融資等資金調達支援など、事業化に向けた支援を行ってきた。2017年には国立がん研究センターの研究拠点がサイエンスパーク内に開設されるなど、関連企業や研究機関も進出するまでになった。

　ベンチャーへの投資体制整備としては、10億円規模の「やまがた地域成長ファンド」を2013年1月に設立。サイエンスパークを拠点とするスパイバーに2013年、2014年にわたって累計2億円の第三者割当増資を実施するなど、県内ベンチャーに対して積極的な資金供給を行ってきた。

　こうした流れを受け、サイエンスパークでは、視察者や勤務者、その家族の増加による生活インフラ整備の開発が課題となっていた。山形銀行としても、サイエンスパークの土地の活用含め、ベンチャー集積をより推進していくためにも、民間主導による新たなまちづくりへと展開していく必要があると考えていた。

　そうした矢先に得たのが、先述の山中氏との面談の機会であった。山形銀行としても、鶴岡に足りなかった開発や地域住民とのコミュニティの場をつ

くりながら事業化を推進する旗振り役として、山中氏含めたヤマガタデザインのような存在を待ち望んでいたのだ。

　山中氏のプレゼンを受け、山形銀行としてもさらに踏み込んだ形でまちづくりにコミットする覚悟を持つようになる。やまがた地域成長ファンドに続くファンドとして、「山形創生ファンド」を2015年6月に立ち上げ、ファンドを介しヤマガタデザインへ4.2億円の出資を実行。合わせて、地元の地銀や企業らの理解を得るため、取りまとめ役として他の金融機関からの出資の調整役を担い、ヤマガタデザインの23億円の資金調達を実現に導いたのだ。

　また、ヤマガタデザインが運営する宿泊滞在複合施設「SHONAI HOTEL SUIDEN TERRASSE」（以下、スイデンテラス）**（写真1）** 建設時には、山形銀行が主導して金融団を組成し、設計・建設などの資金として総額約22億円の融資を実行した。そして円滑な施設オープンに向け、金融機関の垣根を超えてホテルの備品やレストラン食材を対象とした合同商談会を開催するなど、全面バックアップ体制を敷いて推進した。

　もう1つのインキュベーションパークである米沢市・飯豊町では、日本で最初のレーヨン開発に成功した山形大学工学部の基礎研究や実証実験を軸とした、山形大学蓄電デバイス開発研究センターを2013年に設立した。材

写真1　奥の建物がサイエンスパークの研究棟、手前がスイデンテラス
（提供：ヤマガタデザイン）

料開発から安全実証、社会実装までを行う機関として機能させ、ひいては積極的な製造業の企業誘致を図り、まちづくりへと展開させる「飯豊電池バレー構想」を推進している。

　2つ目のプロジェクトがヘルスツーリズムシティの構築で、上山市をモデル地区として推進している。上山市では、上山温泉においてすでに行われていた滞在型温泉保養地の取り組みを発展させ、「健康」を軸としたまちづくりとして、協議会の設立やツアー商品の企画などを進めるものだ。医療連携を核としながら、交流人口の増加とともに、健康を軸とした滞在型の予防医療都市づくりを目指している。

　こうした地域資源活用や産業構築のための様々な取り組みに対して、山形銀行は積極的に行員を派遣している。地域金融機関が地域のプレイヤーとして参画することによって、より地域に寄り添いながら地域課題の解決や地域の産業振興を主体的に推進する行員を増やすねらいがある。県内全域の産業創出のために、産官学金の連携において主体的なコーディネート役を果たすことにこそ、地方銀行の生きる道があると山形銀行は見据えているのだ。

5 ヤマガタデザインによる地域密着型事業の展開

子育てを支える空間「キッズドームソライ」

　ここからは、主にヤマガタデザインを中心として進められているまちづくり関連事業を紹介しよう。

　庄内全域を視野に収めるまちづくり事業をスタートさせたヤマガタデザインが最初に開発に取り組んだのは、0歳〜小学6年生までの子どもの遊びを中心に据えた全天候型の児童施設「キッズドームソライ（KIDS DOME SORAI）」の開発・運営だ。

　名前は、かつて庄内藩で藩校「致道館」の教えとして採用されていた徂徠学に由来し、同校の「天性重視・個性伸長」という教育方針も施設のコンセプトに取り入れられている。子どもたちが遊びながら学ぶことを通して自分の好きなことや得意なことを発見し、それを支える大人たちを巻き込んだ新しいコミュニティが育まれる場の創出を目指している。巨大な空間「アソビバ」は、放課後や休日に子どもたちが楽しく過ごせる居場所になっている

（写真2）。

　特に力を入れているのが、ものづくりスペース「ツクルバ」の充実だ（写真3）。「発明のモト」と題し、協賛している地元の企業から木材やパネルといった様々な端材を提供してもらい、子どもたちにその端材を活用したものづくりを促している。子どもたちが遊びやすいよう独自の「せっけいず」を用意。さらには、3Dプリンターや電子レーザーカッターなどデジタル機器を使ったものづくり体験ができる設備を整えている。東北芸術工科大学と連携し、大学が持つ人材や知財を提供することで、最先端の技術や手法を活用したものづくり空間となっている。

　このように、子どもたちが「アソビバ」と「ツクルバ」の2つの空間を自由に行ったり来たりしながら、自分自身でワクワクするものを発見して夢中になれる環境づくりを目指している。

　また、キッズドームソライの施設内には、スパイバーが運営する企業主導

写真2　ドーム型の建物にある「アソビバ」では、子どもたちが体を思いきり動かして遊べる空間が広がっている
（提供：ヤマガタデザイン）

写真3　「ツクルバ」は、好きな素材で自由にものづくりができる空間で、ライブラリーも充実している
（提供：ヤマガタデザイン）

型保育施設「やまのこ保育園」を併設。サイエンスパークに勤務する研究者らの家族も含め、地域住民が利用できる子育て環境のさらなる充実に取り組んでいる。

地域内外の交流を促進する複合施設「スイデンテラス」

庄内の交流人口と関係人口の拡大に寄与し、世界から訪れるきっかけを創出しているのが「スイデンテラス」だ。スイデンテラスは、サイエンスパークのそばに広がる広大な田んぼの真ん中に建てられたホテルである。ホテルから見渡せる一面の美しい田園風景「農の景色」こそが、地域に交流人口や関係人口を呼び込む地域資源であるとの確信のもと、訪れた人が都会の喧騒から離れ、晴耕雨読の時を過ごせるようにと願い建設された（写真4）。

設計は建築家の坂茂氏。「水田と木造建築の調和」をデザインテーマにしたホテルは、基礎やコア部分以外はすべて木造で、木の温もりが体感できるほか、施設では、熱交換に地下水を利用した水冷ヒートポンプエアコンを導入し、使用後は農業用水として稲作に二次利用するなど、土地柄を活かしたエネルギー循環機能も取り入れられている。

ホテルの共用棟はパブリックスペースとして地域に開放されており、併設のライブラリーで本を読んだり、ショップで地場産品の買い物を楽しんだりと、宿泊客以外でも気軽に足を運ぶことができる。施設内の天然温泉やフィットネス設備も、会員になればいつでも利用可能だ。併設レストラン「FARMER'S DINING IRODORI」では、有機資源を活用し栽培した自社農

写真4　スイデンテラスの外観の様子。緑豊かな田園が広がり、水田に反射した青空の真ん中に建物が浮かんでいるような美しい光景を目にすることができる
（提供：ヤマガタデザイン）

園野菜や地産食材など、庄内地域の豊かな食文化の「旬」を「新鮮」な状態で調理することをコンセプトに料理を提供している。

サイエンスパークは研究者専用の施設が主軸であったが、スイデンテラスは地元の人たちにも気軽に足を運んでもらいながら、地域コミュニティとして機能することが目的だ。「地域のコンテンツを可視化しながら、地域の魅力を体感できる場所を目指しています」と山中氏は話す。

次世代の担い手を募り支えるメディア「ショウナイズカン」

「ショウナイズカン」と呼ばれるポータルメディアのコンセプトは「次世代が山形庄内と魅力ある仕事に出会う」。若くて志高い人材を全国から集めるために、庄内の仕事（WORK）と暮らし（LIFE）を発信すべく、庄内全域に生きる様々な職業の人たちの仕事や暮らしを深掘りして紹介しており、地域のリクルートブランディングとともにガイドブックとしての役割も担っている。ウェブサイトのキャッチコピーは「庄内で、なりたい自分になる」。自らの心の声に耳を傾けて一歩前に進もうとする若者がこの庄内でチャレンジすることを応援したい、との思いが込められている（写真5）。

またウェブサイトでの発信のみならず、鶴岡や東京など各地で自治体や地元企業らを集めた合同説明会や、気軽に参加できる食事会を積極的に開催。さらに地方と首都圏の距離を埋めるために、ウェブ会議を活用した交流会も計画している。仕事のマッチングだけでなく、庄内の暮らしも含めてマッチングすることを重視し、庄内で暮らしていくことの具体的なイメージを膨らませ、移住の選択肢にしてもらうことがねらいだ。

山中氏は庄内地域自体の課題を次のように語っている。

「山形、特に庄内地域全体に言えることは、地域の圧倒的なブランディング不足と若者へのアプローチ方法の少なさです。さらに、地域で働いている人たちが、人材採用に対してこれまであまり意識を向けてこなかったことも課題でした。ハローワークに求人票を載せて人が集まる時代はもう過ぎています。自分たちの声で素敵な仕事や生業があることを、今まで以上に思考しながら伝えていく姿勢を持たなければいけません。ウェブが進化した今、極端に言ってしまえば採用ライバルはGAFA（Google、Apple、Facebook、Amazon の略）です。隣町の競合を見て採用活動していた時代は、もう過

写真5　ショウナイズカンのウェブサイト。仕事と暮らしの両面から庄内の魅力を発信している
（出典：ショウナイズカン）

ぎてしまっているんです」

　地域の企業が採用により力を入れるためにも、ヤマガタデザインは山形県および庄内の各自治体とU・I・Jターンの移住促進に関わる協定を結んでいる。各自治体とも足並みを揃え、お互いに補完し合った移住促進に地域全体で取り組んでいる。将来的には事業承継や創業を促していく仕掛けも検討しているという。

6 ｜ "稼ぐ"農業をつくり出すための環境整備

　庄内地域を次世代のために切り拓いてゆく分野の1つが農業だ。田園風景のある庄内地域だからこそ、農業を持続可能にするための農業経営の実現と同時に、環境保全に対する意識の向上や、農業全般に対する新規参入障壁の低減、さらに担い手不足の解消に取り組むことで就農者を増やそうと、2018年4月から農業事業をスタートしている。

　事業では、3つのテーマに注力している。1つ目は生産販売だ。現在、ヤマガタデザインでは10種類以上の葉物野菜やミニトマト、スティックブロッコリー等、複数の野菜を季節によってつくり変えている。年間を通じた農作物の安定供給を目的に、2018年4月に鶴岡市内に農業用ハウス12棟を整備。その後、強度を維持しながら開口部を広くする改良を加えることで、涼しい連棟ハウスが完成した。これにより、ハウス内の換気性能が高まり、湿度コンロトールがしやすくなるため、作物の病気対策にもなっている（**写真6・7**）。その後もハウスを増築し現在は34棟で野菜を栽培するととも

写真6・7　ハウスでは、ベビー
リーフやミニトマトなど、旬の野
菜が栽培されている
（提供：ヤマガタデザイン）

に、化学肥料や農薬を使用しない米の作付けにも 10ha 規模で着手している。

　収穫した野菜は、大手ネットスーパー、生協、スーパーマーケット、宿泊
施設や近隣の飲食店、スイデンテラスのレストランの朝食でも提供してい
る。栽培にあたっては、庄内の畜産業者との連携により堆肥を調達するな
ど、地域とともに循環型の農業に取り組んでいる。

　2つ目は人材育成だ。若い農業の担い手育成のための鶴岡市立農業経営者
育成学校「SEADS（シーズ）」を 2019 年に設立し、2020 年 4 月に第 1 期
生の入校を募った。同校は、鶴岡市からの委託を受けてヤマガタデザインが
運営する形を取っている。

　校名の「SEADS」は Shonai Ecological Agri Design School の略で、
有機農業を中心に経営に必要なすべてを、座学と実践を通じて提供すること
を謳っている。稼ぐ農業の実現に向けて、事業計画の作成や経営管理、農業
生産、機械運転、販路開拓などを実践者から学ぶカリキュラムが用意されて

おり、2年かけて、座学と実践で学ぶことができる。そして3年目には、各自が独立就農または雇用就農することになっている。これら一連の取り組みを一気通貫で行う体制は日本でも珍しい。

　SEADSの入校者は、農林水産省が新規就農を促進するために設けている「農業次世代人材投資資金」を活用すれば、1年あたり150万円の交付を受けながら研修を受講することができる。加えて鶴岡市にも新規就農支援のための奨学金制度が独自に設置されているため、SEADSへの入校や独立就農に向けた経済的な敷居は下がっており、農業に挑戦しやすい環境が整いつつある。

　このほか、鶴岡市やJA鶴岡、JA庄内たがわ、山形大学、東北芸術工科大学とも連携し、民間企業、地域農家とともに、就農に関わるノウハウや農業経営に必要なリソースの提供、販路開拓、人材育成などのサポートに地域総出で取り組んでいる。

　農業事業の3つ目のテーマが農業経営を補助するハード開発だ。これまでに例えば、太陽光発電で自律航行する水田用抑草ロボットの実用化に向けた実証実験を実施している。2019年1月には「ヤマガタデザインアグリ」を子会社として設立、2019年11月には、東京農工大学発ベンチャーとなる「有機米デザイン」を子会社として設立した。農業生産・販売部門をヤマガタデザインアグリが行い、人材育成をヤマガタデザイン、ハード開発を有機米デザインが行う体制だ。ヤマガタデザインアグリには農業経験20年の有機農業のプロフェッショナルや地元JAのOBも入社している。農業法人として生産の基盤を安定させ、これまでの庄内の農業を引き継ぎながら、新しい形の農業の形をつくり出そうとしている。

7 ｜ 地域で競合しない新規事業を通して経済圏をつくる

　「新たな事業で地域の価値を高める」と考えるヤマガタデザインは、すでに地域に担い手がいる事業ではなく、社会や地域の課題解決を図る事業の開発を目指している。「競合相手ではなく、ともにまちをつくるパートナーとして、地元の人たちと地域に必要なものを事業としてつくり上げていきたい」と山中氏は話す。

2020 年に入り、ヤマガタデザインはさらなる事業展開を見せた。これまでの資金調達は地元の企業や金融機関らからの出資によるものが主だったが、外部資本をより積極的に受け入れるべく、会社分割を実施したのである。

　具体的にはまず 3 月に、観光と農業を軸とした庄内地域への観光客誘致に取り組む体制構築のため、ヤマガタデザインリゾート株式会社（以下、YDR）を設立。そして 6 月にはヤマガタデザインが保有していたホテル事業と農業事業を YDR が会社分割によって承継し、ヤマガタデザインアグリは YDR が 100％出資する子会社とした。また YDR は第三者割当増資を実施し、官民ファンドである海外需要開拓支援機構（クールジャパン機構）から最大 15 億円の資金を調達するという。

　調達した資金は、インバウンド観光客の誘致に向けた取り組み強化に充てられる。具体的には、スイデンテラスの改修によるレストラン環境の整備で Farm to Table（新鮮でオーガニックな食材を農業から食卓へ提供する取り組み）の実現、ライブラリーやバーラウンジの新設、グループ利用向けの客室の増設などを行う。また、国内市場の成長が期待されている有機農業の生産設備拡大によるブランド化を図るほか、地域観光資源開発として食・歴史文化・酒・農業・自然の 5 つの事業領域に対し積極的に投資を行い、地域の事業者との資金面での連携強化に取り組むとしている。

　庄内にある多様な地域資源を活用した事業化を進めるとともに、国内外から様々な資本・ネットワークを集め、持続可能な地方都市のモデルを目指す。今回の組織改革の背景にも、当初から変わらないその思いがある。行政、金融機関、地元企業といったまちに関わるステークホルダーとともに、民間主導で地域の持続可能な経済圏をつくり出す動きが、ここ山形・庄内から起きつつあるようだ。

＊ 1　Low Cost Carrier の略。既存の大手航空会社によるフルサービスキャリア（FSC：Full Service Carrier）と違い、機内食やドリンクの有料化、深夜・早朝便での運航、オンラインのみでの航空券購入受付など効率的な運営により、低価格の運航サービスを提供する航空会社。

事業承継

会社経営において、代表権を持つ経営者が退き、会社の現金や預貯金、不動産等の資産や事業そのものを後継者に引き継がせることを「事業承継」と言います。

日本の中小企業には、戦後すぐから1970年代にかけて創業された会社が多く、かつては9割以上の中小企業で親族が後継者となってきました。しかし、現在では親族による事業承継は6割程度にまで低下し、「家業を継ぐ」ことが次第に当たり前ではなくなりつつあります。こうした中で、経営者の高齢化とともに、後継者不足など事業承継をめぐる課題が昨今顕在化しつつあるのです。

実際の承継にあたっては、先に述べたような資産や事業に加え、経営理念や先代が負っていた属人的な信頼、取引先や顧客をはじめとする人脈、あるいは所属する人材が有する技術やノウハウをも含めた経営資源のスムーズな引き継ぎが重要となってきます。その準備やプロセスは事後の経営そのものを大きく左右する場合が多く、事業承継をきっかけとして新規事業の開発や経営改善に成功する企業もあれば、業績悪化や最悪の場合は閉業につながってしまう企業もあります。

こうした状況を受けて、行政や地域金融機関も、事業承継をめぐる支援メニューを展開するなど積極的な取り組みを始めています。税理士やコンサルタントによる承継計画の策定支援に対する補助金を自治体が創設したり、事業承継や事業譲渡のマッチングサービスを展開する企業と地域金融機関が業務提携したりしているのがその一例です。

地域の雇用や経済活動の基盤となってきた中小企業は、まさに地域資源の宝庫ともいえる存在です。地元に根差した中小企業が、独自の文化や技術を失うことなく継承されてゆくための土壌を整えることは、持続可能な地域づくりに欠かせないアプローチであるはずです。

Scene **3**：次世代の担い手に投資する

ぶり奨学プログラム
帰郷して就職・起業すれば返済不要
地域の思いを原資とした教育融資制度
── 鹿児島相互信用金庫

1 人口流出という課題へのアプローチ

　鹿児島県の北西端に位置する出水郡長島町は、南北 15km の長島を中心に、伊唐島、獅子島など合計 27 の島々からなり、温暖な気候と青く美しい海岸線に恵まれた町として知られている（**写真 1**）。赤土バレイショ・養殖ブリ・みかん・芋焼酎などの味覚と、黄金色に染まる雄大な夕陽や漁火などの美しい自然が魅力で、約 500 年前に温州みかんが発祥した場所としても有名だ。周囲を海に囲まれているため、交通手段は、鹿児島市内から 2 時間半かけて薩摩半島と結ばれた黒之瀬戸大橋を通るルートを車で移動するか、熊本・天草などの近隣地域からフェリーで行き来するしかない。

　1960 年当時は 2 万人を超えていた町民も、時代とともに年々減少し、2015 年の国勢調査では約 1 万人弱にまで人口が落ち込んでいる。2007 年には、島内唯一の高校が閉校。8 校の小学校と 5 校の中学校があるが、1 学年 100 人ほどが中学校を卒業すると進学のため島外の高校に通わざるをえなくなった。そのため近年は、子どもの中学校卒業と同時に家族ごと島から転出してしまうケースが増えている。また、一度島外に出た人の半数以上は島に戻ってこないのが現状だ。

　人口減少は、出生数の減少や死亡数の増加だけが原因ではない。住民が、勤務先や教育機関など家族のライフスタイル・ワークスタイルに合わせて住む場所を移すことも、社会増・減という形で人口動態に大きな影響を与える。これまで、地方創生や地域活性化においては「地域の雇用創出」や「イ

写真1　長島町の風景
（提供：井上貴至氏）

ンバウンドによる観光客の増加」がお題目とされてきた。しかし地域の足元をみると、地域住民にとっての暮らしやすさ、特に教育環境の充実が、30代・40代を中心とした子育て世代であり働き盛り世代にとって、住む場所の選択を左右する大きな要因だ。事実、子どもを生み育てやすい環境、より良い教育を与えられる環境を求めて居住地を移る家庭も多い。また、暮らし方・働き方への価値観の多様化に呼応して、自身の望むライフスタイル・ワークスタイルが叶えられる地での生活や、場合によっては2拠点にわたっての生活を実践する人もいる。

　こうした社会情勢と地域課題を踏まえ、長島町では、町自らが主体となって地域金融機関らと連携し、日本初の奨学金制度の設立による教育環境の充実や、地元企業と連携した地域の雇用創出、さらには移住者を促す地域ブランディングなど様々な活動をスタートさせていく。

2　地域の内外をつなぐ副町長の奮闘

　長島町の地域活性化における立役者の一人が、2015年4月に副町長に就任した井上貴至氏だ。総務省に勤めている井上氏は、「地方創生人材支援制度」（Keyword 5参照）の派遣メンバーとして2年間の任期で長島町に赴任した。学生時代からプライベートでも地方に積極的に足を運び、全国各地の地域活性化の実践者たちとのネットワークをつくっていた。地方創生人材支援制度の創設自体にも携わっており、自らその適用第一号となり、長島町に赴任することになったのだ。「地方はお金ではなく、地域の中と外をつな

ぐ人材が足りません。地方は何もしなければ情報や人は入ってきません。主体的に動く人が地域に入っていくことが大切なんです」と井上氏は話す。

　井上氏は赴任直後から町中を練り歩き、時には畑に足を運んだり、ぶりの稚魚の漁船に乗り込んだりして、地元で活躍する人たちの暮らしぶりを理解しながら信頼関係の構築に努めた。そうすることで、地元の人たちの率直な声や課題を拾い上げていったのである。

　高齢化や人口減少といった問題はもちろんのこと、全国的な知名度に欠ける長島町には、町を象徴するブランドを明確に打ち出せていないという課題もあった。しかし地域をめぐるなかで、食糧と自然エネルギーの自給率が100％を超えていること、出生率が2.0前後と全国的に見て非常に高いこと、漁業においては鹿児島県全体でぶりの生産は2005年から13年連続日本一を記録し、全国シェア26％の同県内で一番の生産高を誇ること、温暖な気候と重粘土の赤土壌という自然の特性が野菜や果樹の生産に活かされていることなど、数多くの強みが見えてきた。こうした多様な地域資源を活用しながら、いかにして地域ブランドを高めていくかが鍵となった。

3 ｜ 若者を応援する奨学ローンの創設とスキーム

　島という地理的特性上、人の交流があまり多くはないという従来の課題を解決し、関係人口を創出しながら移住・定住促進につなげていく仕組みが必要だった。そうした観点から生まれたのが「ぶり奨学プログラム」である。教育ローンの充実や就職のための情報環境の拡充を目的とした取り組みだ。

　ぶり奨学プログラムの大きな特徴の1つは、奨学金を得た学生が、高校や大学を卒業後、10年以内に地元に戻ってきて就職や起業を行えば、奨学金の返還を免除するという仕組みだ。もちろん、卒業後も町に戻らない若者には、一般的な奨学ローンと同様に毎月の返済を求めることになる。この仕組みは、町内にはない高校や大学進学のため町外に出たり、県外や大都市圏の企業に就職したりして経験を積んだ若者が、家業の継承や地元企業への就職、時には起業のために地元に戻ることを容易にすることがねらいだ。「いつかは地元に戻って仕事したい」と思う若者に対し、「外で経験を積んでから戻ってこい」と応援する意味が込められている。名前は、出世魚で回遊魚

であるぶりが長島町の名産品であることにちなんでいる。

　ぶり奨学プログラムの基本スキームは、ぶり奨学金制度、ぶり奨学ローン制度、ぶり奨学金寄付制度、ぶり就職・起業支援制度、ぶり交流事業の5つを柱とした取り組みをまとめたものだ（図表1）。そして、同プログラムの設立に深く関わっているのが鹿児島相互信用金庫である。

　自治体により企画された独自の奨学ローンを金融機関が実施した事例としては全国初だという。金利は1.5％と一般的な金融機関の教育ローン商品や国の教育ローンよりも低く（2020年3月末現在）、利息は町が負担。高校生には月額3万円、大学生・大学院生・専門学校生等には5万円を支給する。

　高校・大学等卒業後は、一旦毎月奨学金を返済していき、卒業後10年以内に長島町に戻り申請書を提出すれば、移住の翌年度から10年間かけてすでに返済した元金分の補填として還付金が支給される仕組みになっている（図表2・3）。

　地元に戻ってきた若者が受け取る還付金の原資は、町が2016年度に創設した基金から元金相当額を補填する仕組みになっており、当初は行政予算の一般財源として1億円の基金が用意された。また地元の東町漁協が獲れたブリ1匹あたり1円を基金に年に一度寄付したり、信用金庫が寄付商品を開発したり、ふるさと納税の一部が充てられたりするなど、町の事業者や出身者らからの賛助金も基金の原資として集まっている。地元に帰る若者を応援したい、地元住民や出身者らの思いを実現するための制度にもなっているのである。

4 ｜ 町と信用金庫のスピーディな連携による事業・生活支援

　鹿児島相互信用金庫は、鹿児島県下に60店舗近くを配する。地域「超」密着型の金融機関を目指して、地元企業や地域経済、地域の活性化のために金融面のみならず非金融面においても、中長期的視点で取り組む考えを持った信用金庫だ。2016年からは創業予定者や創業3年以内の事業者を対象としたネットワーク「そうしん創業者倶楽部」を設立し、創業期の事業者に伴走する支援を実施している。また近年の女性起業の機運の高まりを受け、女性起業の支援にも力を入れている。

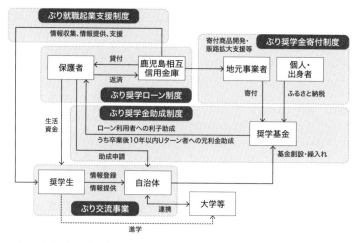

図表1 「ぶり奨学プログラム」の基本スキーム

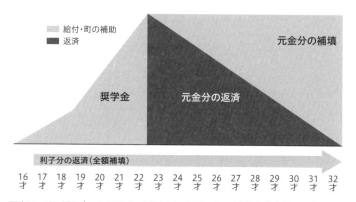

図表2 ぶり奨学ローンの給付・返済のタイムライン（大学卒業直後に町内に居住した場合）

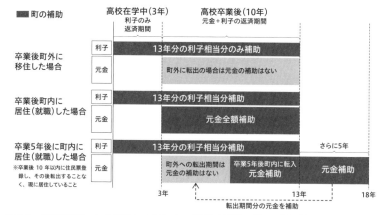

図表3 ぶり奨学ローンの返済タイムライン（高校在学時に利用した場合）

長島支店の野添政一郎支店長（当時）は、長島町の地方創生戦略委員にも任命されていた人物である。副町長に就任した井上氏は、副町長に着任後の2015年8月に、ぶり奨学プログラムの基盤となる企画を相談するため、野添氏を訪ねた。現在の企画の骨子がこの時点でつくられており、野添氏としても「ぜひ形にしたい」と考えた。

　しかし、こうした企画は支店単位では判断できないと考えた野添氏は、本部の営業戦略部に相談し、企画内容を営業戦略部で調整していった。鹿児島相互信用金庫にとって、営業エリアの人口が減少することは預金の減少など大きな痛手となる。支店では若者の島外流出などの課題を取引先である地元住民と共有しながら町との会議を進めていった。最終的に理事長に企画に関して直接説明を行ったところ、すぐに賛同。これにより一気に実現に向け進展し、2015年12月に町と業務協定を結び、2016年3月に新年度に合わせる形でぶり奨学ローンをリリースした。8月の相談から年内に企画を固め、金庫内で承認を取り、制度の準備を行い、翌年3月にリリースするという、異例の速さであった。

　企画立案にあたっては、毎年100名程度の中学校卒業生のうち2割から3割程度が奨学ローンを利用すると想定し、原資はいくら必要なのか、金利設定をいくらにするかなど制度設計のシミュレーションを、営業戦略部と野添氏が中心となりながら実施し、副町長の井上氏らと詳細な中身を詰めていった。一般的な教育ローンの金利が2.1％程度のなか、町が負担する金利を1.5％にとどめることについても「こういう企画は、一般的な金利よりも低く設定することに意味があると理事長から強い言葉があり、相場よりも低い水準でこちらから設定しました」と野添氏は話す。町が負担する金利分を行政予算として申請するためにも、先のシミュレーションをもとに町の年間負担を鹿児島相互信用金庫が計算し提案した。行政内の申請に必要な予算計上など細かな制度設計において、行政と金融機関が連携することで実現できた仕組みといえる。

　2016年3月からスタートしたぶり奨学ローンには、毎年35〜40名程度が申請を行い、2020年3月末時点で累計183名の学生たちに支給されている。そのうち46名は高校や大学を卒業し、奨学ローンの返済も開始している。46名のうち、現時点で地元に戻ってきた若者は11名ほどで、Uター

ンを促す効果と実績が出はじめている。

　一方でもちろん、地元に戻りたいと若者に思ってもらうためには、そこに仕事がなければ意味がない。しかし高校や大学への入学前に町に住んでいた若者は、地元の企業について知る術が乏しい。そこで、ぶり奨学プログラムの１つであるぶり就職起業支援制度を推進するため、長島町は鹿児島相互信用金庫とともに地元事業者の経営課題を把握すると同時に、ネット求人会社のビズリーチと提携し、同社の採用プロモーションサイト「スタンバイ」で地元企業の採用情報を発信している。

　また採用だけでなく、地域おこし協力隊の募集も実施した。地域課題や新事業に関連する24職種別に分野を絞った具体的な募集内容や移住者からのメッセージを掲載したところ、公開から１カ月余りで東京大学の学生や京都大学の研究生、鹿児島県出身の料理人など、若者を中心に20名以上が名乗りをあげたという。

　他に、移住に欠かせない住居についても町としてサポートしている。もともと町内に不動産業者が存在しない状況だったため、どこに、誰の空き家が、どういう状態で存在しているのか、という情報を把握できていなかった。そこで長島町は2017年９月に鹿児島市に拠点を置く県下最大手の不動産会社である「川商ハウス」と空き家活用に関する連携協定を結び、空き家情報を収集・発信する体制を整えた。さらに、個人でも法人でも申請可能で、住居だけでなくサブリースのための空き家改修もカバーする補助金（総事業費の３分の２を補助。上限333万円）を設立。加えて鹿児島相互信用金庫との連携で、空き家改修への積極的な融資も行うなど、自治体・不動産業者・地域金融機関が連携しながら個人や事業者らが空き家を活用しやすい環境整備に力を入れている。

5 ｜ 町の知恵をコンテンツ化する地域ブランディング

　副町長の井上氏は、町の魅力発信を向上させるため、多様な地域資源を抱える長島町の魅力が詰まった様子を「長島大陸」というフレーズに集約し、そこから地域ブランディングの方向性を定めていった。

　長島町はこれまで観光誘致に力を入れてこなかった。そこで旅行会社の阪

急交通社と連携し、役場内に「長島大陸支店」を開設。旅行会社のノウハウをもとに地域の魅力を掘り起こす商品開発に力を入れる。阪急交通社としても、付加価値の高い商品組成を目指して「地域超密着」を掲げ、町との連携を軸として、商工会や漁協などのプレイヤーと協力しつつ、隣接する熊本県天草市も巻き込んだ協議会を発足。「地元の人しか知らない長島・天草ツアー」の共同開発を行い、地域ならではの魅力の商品化に力を注いでいる。

外部企業との連携だけでなく、地元の住民や企業による魅力発信も強化している。その1つが、地域の食材と一緒に産地や農家の情報を届け、そのストーリーと共に食べものを味わう「食べる通信」の長島町版「長島大陸食べる通信」の発行だ。長島町の生産者そのもののファンになってもらい、地域食材のブランド化を図る取り組みである。鹿児島相互信用金庫の野添氏は「長島大陸食べる通信」の編集者として参加し、特集食材の提供者として鹿児島相互信用金庫が取引している事業者を紹介する活動もしている。

また、地元の旬な食材を販売するECサイト「長島大陸市場」を開設し、長島町の旬な素材を全国に販売している（**図表4**）。同時に、料理レシピサイト「クックパッド」で長島町の特産品を使ったレシピを掲載した公式ページを立ち上げた。レシピを投稿するのは、町の婦人会の女性たちで、毎日1,000件近いアクセスを集めているという。

地域の人たちが長年培ってきた郷土料理や地域の知恵をコンテンツ化し、自分たち自身で地元の良さを伝え、より広く多くの人たちに知ってもらうようにする意識を持つことが大切、と井上氏は話す。

図表4　ECサイト「長島大陸市場」
(出典：長島大陸市場のウェブサイト)

6 | 他の自治体にも広がるぶり奨学プログラムの実践

　長島町は、ぶり奨学プログラムを開始してすぐに、調理師やパティシエを育成する辻調理師専門学校から相談を受けた。辻調理師専門学校は、いずれ自分の地元で店を開きたいと考え入学してくる若者が多いものの、近年は少子化の影響に加え、4年制大学よりも高い学費がネックとなり、同校への入学者は減少傾向にあった。

　そこで、互いのリソースを活かし、地域にとっては魅力発信を、料理学校にとっては生産者との関係強化による調理技術や調理に必要な知識やノウハウを得られる連携を模索。辻調理師専門学校が掲げる「一人で町おこしのできる人材を生み出す」というビジョンと一致した長島町は、同校と地方創生に向けた連携協定を2016年3月に締結した。辻調理師専門学校としても自治体との初の連携という試みであった。

　この協定のもとで、辻調理師専門学校の卒業生や調理学校のネットワークで集まった料理人が、長島町にある農業や漁業の地域資源を発掘するツアーを、2016年4月から2017年3月までの1年間に15回実施した（**写真2**）。そこから発展し、「ふるさと納税」（Keyword 4参照）の返礼品として、企画に賛同した都内のレストランで長島町の食材を使ったコース料理を楽しめる食事券を開発した。お店にとっては新規顧客開拓につながり、町にとっても税収の向上に、生産者にとっても販路拡大が見込める仕組みだ。また、辻

写真2　辻調理学校の先生や卒業生らによる長島町のツアーの様子。生産者と調理人が一緒になり、野菜の栽培現場で意見を交わした
（提供：井上貴至氏）

調理師専門学校が料理をプロデュースした 2019 年の G20 大阪サミットでは長島町の食材が用いられ、野菜の PR につながったという。

　ぶり奨学プログラムに対しては、趣旨に賛同した他の地域から「うちの地元でも導入したい」という要望が相次いだ。今では群馬県下仁田町や富山県氷見市など、他の自治体にも同様の仕組みが広がっている。このうち氷見市では、市内全域にある 7 つの地域金融機関すべてが、市との連携のもとでぶり奨学ローンを設けている（写真 3）。「ぶり奨学」という考え方そのものが、1 つの地域にとどまらず、地域と人とのつながりをデザインする社会的な仕組みとなりつつある。ここにも、井上氏ならではの考えがある。
「一団体、一行政の取り組みとして終わるのではなく、あくまで地域に戻りたい人を支援する仕組みだからこそ、他の地域と競合するものではありません。逆に、地域同士が連携し、各地域が魅力発見や雇用創出のために様々な工夫することで、結果として社会全体にとってより良い影響を与えていくのでは」

7 ｜ 地域に密着しステークホルダーを巻き込むことの重要性

　こうしたいくつもの取り組みを矢継ぎ早に推進してきた長島町の体制も特徴的だ。大多数の町では副町長は 1 人だけだが、長島町では外部から赴任してきた井上氏と地元出身の副町長の 2 枚看板体制がとられた。地元出身

の副町長が地域内を調整しながら、井上氏が外からの情報やネットワークを取り入れながら新しい取り組みを形にしていくというスタイルだ。従来のピラミッド型構造とは一線を画するこの体制は、町中の人たちや役場の人たちとの日々の対話での気づきをもとにアイデアの種を拾い上げ、そこから安全面や予算面の調整までを主体的に推進する原動力となった。もちろんこうした町の体制は、昨日、今日でつくられたものではない。現在の川添健町長が職員時代から係長として積極的に町を歩きながら町民と対話し、そこから必要な政策を打ち出してきた経験があったからこそといえる。

それは、町と金融機関との関係にも表れている。今でこそ行政と金融機関がタッグを組んで様々な手を打っているが、実は40年ほど前まで、離島の長島町は金融機関不在の地だった。金融機関としては、長島町は島々からなる地域のため、地域全体を網羅する営業の難しさから支店展開に二の足を踏んでいたのである。

しかし、ぶりの養殖業が安定的に行われ、漁業関連の設備に大きな資金が必要になることから、長島町には金融面のサポートを担う存在が不可欠であった。そこで、当時の町長が鹿児島相互信用金庫に相談し当時の理事長が英断したことから、支店開設にこぎつけた。その後、長島町に2店舗目の支店を開設。本部も一緒になって長島町を長年支え続け、今や長島町の2支店を合算した融資の額は、鹿児島相互信用金庫の営業エリア内で上位にあるという。

ぶり奨学プログラムの推進をきっかけに町と金融機関との連携もさらに密になり、大小様々な取り組みを次々と打ち出していった。その結果、転出と転入の差が大幅に縮まり、第1期地方創生総合戦略を策定した2015年の人口予測と比べて実際の人口が上振れするなど、着実に成果が出はじめている。

ぶり奨学プログラムは、役場や地元企業、金融機関、町民や出身者らが、いかにして地域の魅力を広げ、地域における人や経済の還流をつくっていけるかを考えた結果、生まれたものにすぎない。地域に住むあらゆる人たちにとって自分ごと化できる方法を考え、世代を超えて支え合う制度にしようというねらいが窺い知れる。

井上氏は、地方創生人材支援制度の期間終了に伴い、すでに長島町を離れ

ている。しかしもちろん、町ではぶり奨学プログラムの継続をはじめ、豚・鶏・牛の糞などのバイオマス（生物資源）をエネルギーとする新エネルギー会社設立や、通信制オンライン授業をサポートする拠点の設置など、大小様々な実践が続いている。地域資源を活かした教育環境の充実などの取り組みは、今後も続いてゆくだろう。

　外部の新しい情報をうまく取り入れながら、地元やステークホルダーとの関係調整を密に行うことで、スムーズに新たな取り組みを形にしていく。自治体・民間事業者・金融機関それぞれが自ら持つ強みを活かし、互いに主体的に地域に働きかけながら、未来への投資につながる種を撒くことで、地域はより一層魅力的な場所となっていくはずだ。

地方創生人材支援制度

人口の流出や過疎化によって、運営が危機的な状況に陥る地方自治体がみられるようになり、ついには「地方消滅」という言葉が叫ばれるまでになりました。こうした事態に対して政府は「地方創生」をお題目に、人口減少に歯止めをかけ、東京への一極集中を是正し、地域資源を活用した移住促進やインバウンド観光誘致などにより地方経済を活性化させる政策を進めています。

その一つに、「地方創生人材支援制度」があります。これは、市町村（原則人口10万人以下）に対して、意欲と能力のある国家公務員・大学研究者、民間人材を派遣する制度で、2015年度に創設されました。派遣を受け入れる地方自治体の条件として、市町村長自らが明確な地方創生に対する考え方を持ち、派遣される人材を地域変革に活用する意欲をもっていることが掲げられています。

この制度に基づいて派遣された人材は、市町村長の補佐役として「まち・ひと・しごと創生総合戦略」に記載された施策の推進の中核を担います。派遣期間は、副市町村長や幹部職員などの常勤職としてであれば原則2年間、顧問や参与等の非常勤職としてであれば原則1～2年間です。また、同一市町村への複数回の派遣や複数名の同時派遣も可能とされています。2018年度現在で227市町村に228名の人材が派遣されてきました。

なおアメリカの地方議会において、公共政策や都市経営の専門家を任命し、議会が決定した政策実行に対して権限と責任を与える「シティ・マネージャー」と呼ばれる同様の制度があります。

地方自治体の職員は元来、転職率が低く、また外部人材が登用されるケースも少ないため、人材の流動性や多様性に乏しいことが課題として挙げられます。この制度の活用により、専門的な知識や技能を持った人材が、多様で複雑な課題を抱える地方自治体の業務にますます参画し、ユニークなアプローチで解決策を導き出すような事例の増加が期待されます。

民間主導の奨学金事業がもつ可能性

求められる教育環境の整備と従来的な奨学金の限界

　未来の社会を築いていくこれからの若い世代の人たちがより学び、より多くの経験を得るための環境を育むことは、大人世代がやるべき大きな課題である。1989年に193万人だった18歳人口は2018年には4割以上も減少し118万人、2030年には104.8万人にまで減少すると推測されている。同時に大学進学が一般化する中で、2009年度には四年制大学への進学率が初めて50％を超え、2019年度の大学進学率は54.67％となっている[*1]。一方、親の所得格差が子の大学進学率に影響することも指摘されており、親の所得が800万円以上の子の大学進学率が60％を超えるのに対し、親の所得が400万円以下の子の進学率は27.8％と、半分にも満たない状況となっている。

　このように、世代をまたいで家庭環境に格差が再生産されることを防ぐためには、教育環境の整備による機会の平等が不可欠である。その1つの方法として充実が図られてきたのが、奨学金制度だ。

　奨学金は、給付型（後述）と貸与型に分けられる。制度数においては給付型の方が貸与型より多く、奨学生数や事業額においては給付型より貸与型の方が多い。給付型は利用条件に制約があるため、多くの学生は貸与型を利用している。

　奨学金は日本学生支援機構をはじめとする各種公益財団法人や民間企業などによって多種多様な制度が設けられている。実施団体の数は、2016年（平成28年）度時点で5,000を超えている（日本学生支援機構、平成28年度・奨学事業に関する実態調査）。半数は大学などの学校、残りの半数が地方自治体や公益団体、医療機関や企業によるもので、大学進学者の2人に1人が利用しているとみられる。

　一方で貸与型の奨学金は、一部を除いて、実質的に「借金」と同じで、利息も含めて返済義務がある。そのため、貸与型の利用者の中には、返済がで

きずに破産したり、返済を延滞せざるを得なかったりするケースも少なくなく、社会問題として指摘されている。現在の雇用環境や賃金状況では、大学を出ても就職できなかったり、非正規での雇用にとどまったりする可能性も決して小さくないため、家庭の経済状況だけでなく、社会情勢も考慮した上で奨学金の利用を決断することが必要になっている。

将来世代への投資として充実が待たれる給付型奨学金

こうした中で、奨学金制度そのものの見直しを訴える声が高まっており、特に返済が必要な貸与型奨学金ではなく、返済の必要のない給付型奨学金の充実に向けた機運が高まりつつある。政府が 2020 年 4 月からスタートさせた高等教育の無償化において、新しい「給付型奨学金」と「授業料等減免」が柱として盛り込まれているほか、日本学生支援機構が実施している給付型奨学金についても、対象者の条件が大幅に拡大された。

また近年、給付型奨学金の受け皿として存在感を高めてきているのが公益団体だ。奨学金事業を実施している団体数は 2013 年（平成 25 年）度に 386 団体だったものが 2016 年（同 28 年）度には 729 団体とわずか 3 年でほぼ倍増しており、その約 7 割が給付型の奨学金であることが注目されている。

一方で、公益団体は民間企業やその創業者、一般の有志からの寄付金を奨学金事業の原資としていることが一般的である。そのため、特に給付型奨学金においては、受給資格などの条件が厳しく設定されているほか、一部の有名大学に募集枠が集中していることも多く、奨学金を求める学生と、優秀な学生にチャンスを与えたいと考える団体側とのマッチングが課題になっている面もある。

こうした状況を考えると、Case 6 で紹介した「ぶり奨学プログラム」のように、行政と地域金融機関が連携して奨学ローンを開発し、行政予算と市民の寄付によって運用する基金を設置して奨学金事業の運営に活かす仕組みは珍しい。先述のような公益団体のみならず、新たなスキームによる民間主導型の奨学金の設置が進むことで、地域の若い世代に経済状況に関わらず教育のチャンスを与える仕組みづくりと、地域活性化の取り組みとのより強い連動を生み出すことも可能になるかもしれない。家庭の経済状況をはじめと

する様々な環境上の制約によって若い世代の学ぶ機会が損なわれないよう、公的な制度設計や民間主導の環境整備を行うことは、未来への投資につながるだけでなく、投資効果としても高い効果を発揮する。優秀な人材育成を社会全体で輩出するために多様な手立てを講じていくことが大切であろう。

---

*1　文部科学省「令和元年度学校基本調査」より

<u>Case 7</u>

家庭円満51
若年層の支えとなる金融商品を
地元事業者も巻き込んだ住宅ローン開発
── 塩沢信用組合

1 歴史ある街並みとともにある信用組合

　塩沢は、コシヒカリの産地で有名な新潟県南魚沼市の中心地域である。江戸時代には関東と越後を結ぶ三国街道の宿場町として米や越後上布、塩沢紬の産地として栄えた。

　上越本線の塩沢駅のホームに立つと、広大な原っぱがみえる。塩沢駅を降り、駅前の通りを数分歩いていくと、県道365号線（旧三国街道牧之通り。牧之通りの名前は、江戸時代の雪国の暮らしを描いた「北越雪譜」の著者である鈴木牧之に由来する）に当たる。この牧之通り沿いは、風情がある雁木造りの屋根が続く街道となっている（**写真1**）。

写真1　雁木造りの屋根が続く街道（県道365号線（旧三国街道牧之通り））

塩沢信用組合の本店は、その雁木造りの街道の中ほどにあるなまこ壁の蔵造りの建物である。一見すると、金融機関の店舗には見えないが、分銅型のマークに両替と書いた暖簾が張ってあり、江戸時代の金融機関はこのような風情であったのだろうと感じられる（**写真2**）。

　この街並みは、2000年から2009年にかけて行われた県道拡幅と景観整備の事業によって実現したものである。県道365号線の道路拡幅事業が打ち出された際に、この事業への対応方針は町を二分する議論となった。牧之通りは、無秩序な改装により次第に宿場町としての面影を失いつつあった。道路沿いの土地の所有者は、「移転費用をもらって移転しよう」との考え方と、「拡幅によって利用できる土地はせまくなるが、シンボルとなるような街並みをつくろう」との考え方に分かれた。

　当時、塩沢信用組合の総務部長であった小野澤一成氏は、地元の信用組合を代表して、関係者の調整を担っていた。塩沢信用組合は、道路拡幅により従来あった所有地が減らされてしまうと、本店に本部を併設できなくなるという問題があった。しかし、拡幅される牧之通りに街並みを再現するため、街路と建物の同時整備の方向で関係者の調整に動いた。

　2000年に「塩沢らしいまちづくりを考える会」が発足し、冬場の歩行者の雪よけとなる雁木整備を進めるため、「塩沢雪国歴史街道」計画が策定された。2003年から建設工事が開始され、6年間かけて2009年にようやく電線の地中化と道路・雁木整備事業が完了した。

写真2　塩沢信用組合本店

土地所有者は、道路拡張後に両側をセットバックして各 2m 幅の空間に雁木を整備した。雁木整備の費用は、県・南魚沼市・土地所有者が各 3 分の 1 を負担した。さらに、道路に面した約 40 軒が白と黒と茶を基調としたデザイン標準に沿って、昭和 10 年代まで残っていた宿場町の面影を残した建物の改修工事を行った。改修費用には、道路拡張に伴う補償金などが利用された。塩沢の景観まちづくり事業は 2011 年の「都市景観大賞」受賞をはじめ、数々の表彰を受け、2015 年には「アジア都市景観賞」を受賞した。

　塩沢信用組合の本店用地の縮小については、本部部分を移転させることで解決を図った。現在、塩沢信用組合の本部は塩沢駅前から牧之通りに出る途中にある。以前は JA の建物であったのを買い取ったものである。

2 ｜ 地元工務店と連携した 20 代限定住宅ローン「家庭円満 51」

　街並みが回復しただけでは、人口の減少と地域経済の衰退傾向を止めることはできない。若年層を支援するとともに、地元事業を同時に活性化させる施策が必要になる。

　塩沢信用組合は、2017 年にそれに応えるユニークな金融商品を売り出した。地元の工務店 50 社と連携した 20 代限定の住宅ローン「家庭円満 51」である。連携する工務店に住宅の建設を依頼した 20 代のカップルは、年間 50 件限定でこのローンを組むことができる。商品名にある「51」とはローン年数を指す。つまり"51 年ローン"だ。これまでに年間 20 件程度が実行されている。

　塩沢信用組合は、戦略的に住宅ローンの新規営業を止めていた（後述）。再び 20 代に対象を限って新商品を開発したのは、多くの金融機関が勤続年数の短さや資産的な蓄積の少なさを背景に、若年層に対する融資に厳しいことを逆手に取ったものである。

　請負った工務店と塩沢信用組合は、ローンを組んで住宅を建設した顧客のもとに「毎年訪問する」との契約になっている。工務店が訪問するのは、建築した後に不具合が生じていないか確認するためだ。また、信用組合の職員が年に 1 回訪れるのは、返済に問題が生じていないか確認するためである。失業などによる収入減少のほか、教育費や介護費用の負担増加などによっ

て、当初契約したローンの返済が維持できない場合には、条件変更を行うことができる。「51年ローンで毎年状況を確認しますので、最大50回の条件変更ができます」と小野澤氏は涼しげな顔で言う。

融資は通常、条件変更を行うと不良債権とみなされる可能性がある。「一債務者に対し、50回の条件変更に応じるローン商品」というのは前代未聞である。小野澤氏は言う。

「一生に一度の買い物である家を建てた若者は、建てた家に不具合が生じないか、借金を返せるか、

写真3　家庭円満51を告知する店頭の掲示

といった不安でいっぱいです。住宅ローンを貸すことは不安の種を提供していることとも言えます。私たちは、そんな不安を感じている若いカップルに安心を提供しようと考えました」

つまり「家庭円満51」とは、51年後までのアフターケアサービスが約束されたローン商品といえる。見方を変えると、現在塩沢信用組合にいる職員も工務店で働く人も、51年後はそこで働いていないだろう。そもそも、実際には住宅ローンを51年間も借り続けている人はいない（住宅ローンは期前返済が行われることが多く、当初の借入期間に対し、実際の借入平均期間は短くなる傾向がある）。この商品の意味は、連携する工務店で家を建て、塩沢信用組合からローンを借りた若いカップルであれば、家のこと、住宅ローンのことは、何があっても相談にのるから一生心配しなくてよい、という点にある。

連携する工務店の軒先には、家庭円満51ののぼり旗が立っている（**写真3**）。塩沢信用組合が、家庭円満51をてこに、連携する工務店とともに住宅建設および住宅ローンの相談会である「住まいの何でもフェスティバル」を開催すると、その場でも1、2件の住宅ローンの申し込みがあった。さらに、

この 50 社と連携関係にある内装工事などの関連会社 200 社との業者間連携も生まれることになった。家庭円満 51 は若年層支援であるとともに、地元の住宅関連業界の活性化にもつながっているのだ。

3 | 異論噴出の中で断行した住宅ローンの新規営業の見合わせ

家庭円満 51 をつくるまで塩沢信用組合が住宅ローンの新規営業を停止していたのは、経営再建が理由の 1 つであった。

小野澤氏が塩沢信用組合の理事長に就任したのは、2008 年のリーマンショック前だ。塩沢信用組合は、その段階で多くの不良債権と有価証券の含み損をかかえていた。ピーク時の不良債権比率は 35％と、貸出額の 3 分の 1 が不良債権化していた。

小野澤氏の最初の仕事は、その損失を顕現化させる赤字決算であった。損失を計上して不良債権の処分をしなければ、ずるずると経営状況を悪化させる可能性があったからだ。決算の結果、4 億 6,500 万円の赤字が出た。塩沢信用組合は、資金量が 300 億円ほどしかない。この規模で、4 億円を超える赤字を出したのだから、地域の多くの人たちが「塩沢信用組合は大丈夫か？」と不安がった。経営危機は新聞にも書かれた。組合員から「俺たちの信組をつぶす気か！」と怒鳴られた。「最初の 2 年間はおわび行脚でした」と小野澤氏は当時を振り返る。

損失の進行を止めただけでは、話は終わらない。どうやって収益力を回復して、失われた経営体力を蓄積しなおすかが問われた。それができずに、再び損失が発生すれば破綻せざるを得なかった。

小野澤氏は「本業に原点回帰して、信用組合を再生させる」と言って回った。そのための戦略が「事業性貸出への集中」だった。小野澤氏は信用組合の役職員にこう言った。「定期積金と年金受入口座のセールスを止める」。

「塩沢信用組合内は、蜂の巣を突いたような騒ぎになりました」と小野澤氏は言う。定期積金は、信用金庫や信用組合が得意としてきた毎月積立型の定期預金である。職員が毎月預金者の家へ集金に赴いて、少しずつ預金に積み立てていくのである。フェイス・トゥ・フェイスで預金を集める協同組織金融機関の原点ともいえる商品であった。預金量 300 億円しかない塩沢信

用組合において、定期積金は残高で60億円、契約額（積立終わった段階での予想残高）で120億円を占めていた。

　また年金受入口座の獲得は、預金額の大きい高齢者のメインバンクになることを意味している。つまり中小金融機関の資金吸収の中心戦略と言えるものであった。

　そんな2本柱を止める、と言ったのだ。職員から「預金が大幅に落ちますよ。それでもいいのですか」と詰め寄られた。

　小野澤氏が「それでも止める」と言ったのは、塩沢信用組合が役職員合わせて50人しかいなかったからである。この50人のマンパワーを1つに集中しなければ、現状の打開は図れなかった。そもそも、定期積金や年金受入口座の獲得には手間がかかった。定期積金は毎月集金をしなければならない。年金受入口座のセールスは、年間300件の新規契約を取るために、早ければ預金者が50代のうちから勧誘を始めていた。

　2012年に入ると、さらに選択と集中を進めた。1月に「住宅ローンの新規営業を止める」方針を打ち出したのだ。住宅ローンは、地銀との激しい金利引下げ競争にさらされていた。企業体力や規模で劣る塩沢信用組合には、このダンピング競争に勝てる公算はなかった。

　しかし、住宅ローンを諦めてしまうと貸出額の維持は難しくなる。職員からは、「住宅ローンをやめたら、いったい何をやればいいのですか？」と言われた。実際に翌年の2013年にかけて貸出は落ち込んだ。

4 ｜ 事業性貸出への注力によるノウハウの蓄積

　職員50人の力を集中させたのは事業性貸出である。どのように集中したのか。

　小野澤氏は、既存の取引先に対しては、従来頼っていた信用組合業界の保証機関である全国しんくみ保証株式会社による保証付きの貸出を止めて、外部保証なしのプロパー融資を進める方針に変えた。この外部保証があれば、貸倒れても損失を軽減できる。しかし、保証料が高く、時に4〜5％を要求されることがあった。保証料は、債務者である企業が負担している。この保証料を乗せられては、信用組合の競争力や金利での取り分が削れてしま

う。貸出への集中戦略は、それまで「保証があるから」ということで、事業をよく見ずに貸していたことを止めて、「事業を見て貸す」という方針への転換でもあった。

　そうはいっても、当時の塩沢信用組合の貸出シェアは、地元である魚沼エリアにおいても1割程度しかなく、地元においてさえ存在感がなかった。そのため、地元の有力企業の社長と直接話ができる環境を一からつくっていかざるを得なかった。他行メインの地元の有力企業をピックアップし、メインとなる銀行よりも低い金利での貸出提案を行い、取引を行っていくことから始めた。この結果、2013年が貸出残高のボトムとなり、2014年、2015年と貸出が伸びはじめた。

　しかし、低利の貸出をしているだけでは収益性の改善には結びつかない。2016年には、事業者支援に集中する戦略を打ち出した。この段階では、信組内における事業者支援のノウハウ蓄積もまだ不十分だった。また、職員の人数が少ないので、支援対象先を絞る必要があった。そこで、5つある営業店が各2先ずつ、合計10先の取引先企業を対象に取り上げた。まずは、この10の支援プロジェクトの遂行に集中することによって、事業者支援ノウハウの蓄積を図ることにした。各店は、対象となる2先の事業支援に奔走した。担当者は、信組の営業店ではなく支援対象企業に出社することさえあった。

　10のプロジェクトの中には、自社敷地内で掘り当てた温泉と経営者の趣味だった果実栽培を組み合わせ、温泉熱を利用したマンゴー栽培の新事業を提案するといったものもあった。これは結果的に、塩沢信用組合が販売戦略についても知恵を絞り、「雪国マンゴー」と名づけて売り出す形となった。マンゴーの栽培技術の習得のために、塩沢信用組合の職員が経営者とともに宮崎県に訪問した。もちろん、栽培用ハウスの建設資金は塩沢信用組合が融資を行った。

　結果的にほとんどの支援先の業績が向上した。対象先すべてから感謝の声が届いた。営業店の現場には、事業者支援で試行錯誤を繰り返す中で確かなノウハウを蓄積した実感があった。

5 | ノルマを捨てて長期的な価値向上を選択

　小野澤氏は、この状況においてさらに選択と集中を進めるべく、2017 年に「ノルマに基づく営業推進をやめよう」と提案した。事業者支援は、成果が出るまでに時間がかかる。年ごとに設けられる収益目標と両立しない場合が多い。事業者支援に集中するためには、短期の目標管理型の経営手法を捨てた方がいい、ということになる。ノルマを廃止すれば、短期的には収益は落ちる。塩沢信用組合も例に漏れず収益が落ち込んだ。

　「2017 年度のディスクロージャーの数字は、悲惨な状況になったのです」

　小野澤氏は、笑いながらそう言った。

　目先の収益減少に動じなかったのは、事業者支援の推進が長期的にみた塩沢信用組合の経営基盤の強化につながることを確信していたからだ。事業者支援は、取引先企業の経営状況の改善により、金融機関にとって将来的な信用コスト（不良債権による損失の発生）を予防する効果がある。また支援事業先の業容が拡大すれば、資金需要の拡大→貸出の増加→金融機関の収益増加につながっていく。すなわち、攻めにも守りにもプラスになる。

　しかし、時間もかかり、その進捗状況が数字では捉えにくい。小野澤氏は目に見える短期的な収益を捨て、目にはみえにくい長期的な価値の向上を選んだ。2018 年に入ると、事業支援対象先は 73 先にまで拡大した。

　折しも新潟県では、県内の規模 1 位の第四銀行と 2 位の北越銀行の経営統合が進められている[1]。県内大手の 2 行が、経営統合のために、業況が良くない企業との取引の整理を図るようであれば、塩沢信用組合ではそれをチャンスだと捉えている。

　小野澤氏は言う。

「金融機関がその気になれば、中小企業の業況改善は必ずできる」

6 | 地域の未来の担い手に向けた取り組み ——就職支援と給付型奨学金

　塩沢信用組合の若年層支援は、「住宅」のほかに「職」や「教育」の分野でも展開されている。それは、毎年開催している「うおぬま就職応援フェア」だ。若者に地元の雇用先を紹介しようと企画されたもので、家庭円満

51 と同様に、単なる若年層支援ではなく、人手不足に悩む地元企業への支援も目的にしている。

　この手のイベントの最大の問題は、「若者が集まらない」ことにあった。最初、地元企業にイベントの働きかけをすると、「学生がパラパラとしか来ないので、やっても意味がない」と言われた。そこで、塩沢信用組合では20～30代の職員を中心に、就職時期が迫る若者がいる家庭を徹底的に回って、イベントへの参加を呼びかけた。本人が「都会の学校に行っていて来られない」ということであれば、親の参加を勧誘した。

　2017年8月、32社の企業が参加して、第1回の就職応援フェアが開催された。2018年の第2回以降は、40社弱が参加するようになった。第2回は7社に7名、第3回（2019年）は10社に11名の就職が決まった。就職応援フェアは、新卒の就職のほかに、参加企業同士の人手を融通する連携にもつながった。塩沢では冬に雪が積もるので、閑散期となる事業者が多い。一方で、スキー場や除雪作業は冬場が繁忙期になる。こうした繁閑のズレを利用した人的協力関係が、参加企業の中で生まれたのである。

　この他に塩沢信用組合は、「魚沼の未来基金」という、一人親の高校生を対象にした返済不要の給付型奨学金を提供している。この奨学金は、寄付推進を専門に行う公益財団法人パブリックリソース財団の協力によって創設された（2016年9月に創設を発表、17年から給付を開始）。

　奨学金の原資は、塩沢信用組合による年間100万円の寄付と組合員らの寄付である（基金の運用管理はパブリックリソース財団が行い、その費用は組合が負担する）。奨学金を希望する中学3年生は、必要事項を記入した申請書を学校に提出する。申請書は新潟大学准教授、魚沼市長、南魚沼市長、塩沢信用組合理事長の4人で構成される審査会で審査され、候補者が決定される。高校に合格し奨学生になると、新1年生には3万6,000円の「合格祝い金」（教科書や制服を購入する費用）と毎月5,000円が支給される。初年度は22人の高校生が奨学生に採用された。奨学生は1年ごとに審査され、最長で3年間支給される。また同基金の設立理念の1つは「地域の子供は地域で育てる」ことにあるため、奨学生やその家族を見守る基金運営管理委員会も組織されている（同委員会は総代地区会議の要望で組織された）。

　設立初年の寄付額は400万円であったが、2年目は500万円に伸びるな

ど、支援の輪は広がっている。寄付者の多くは組合の総代（組合員から選ばれた代表者。総代で構成される総代会は、株式会社における株主総会と同様の機能を持つ）であるが、魚沼の未来基金の取り組みがラジオや新聞で広く紹介されたことから、福岡県など県外の人々からも寄付が寄せられている。また、亡くなった配偶者のエンディングノート（人生の終末期に親族などに向けて自身の希望を記すノート）に「魚沼の未来基金に遺産の一部を寄付してほしい」と記されていたことから、寄付に訪れた地域住民もいる。

　なお魚沼の未来基金の給付は、地元への就職などが条件になっているわけではない。将来活躍できる子どもたちが安心して学べるように、純粋に支援を行うものである。「地元の役に立ってくれるというのはありがたい。しかし、魚沼の子供たちが将来世界に羽ばたくというのであれば、それはそれでいいのです」と小野澤氏は話す。

　塩沢信用組合は、経営危機を乗り越えるために、業務を徹底的に絞り込んだ小さな信用組合だ。しかし、地域の若者と事業者への支援にとことん知恵を絞っている。塩沢信用組合の事例からは、たとえ小さな金融機関でも、志があれば、工夫次第で地域に様々な貢献ができることが分かる。

＊1　2018年10月、金融持株会社である株式会社第四北越ファイナンシャルグループが設立された。2021年1月には、第四、北越両行の合併が予定されている。

ふるさと納税

東京をはじめとする都市部への人口一極集中は、地方自治体の税収減に直結し、財政状況に大きな影響を与える問題です。この問題を解決する方策の一環として 2008 年に政府が創設したのが「ふるさと納税」制度です。任意の自治体に対して 2,000 円を超える寄付を行うと所得税の還付と住民税の控除が受けられ、金額に応じた独自の「返礼品」を受け取ることができる仕組みで、陰りを見せる各地の地場産業への間接的な支援や、地方自治体間の税収格差の是正につなげることが目的とされました。寄付を受ける自治体側が、教育事業や福祉事業など用途を特定・明示して募ることが可能な点も特徴です。

政府による肝煎りの制度として導入されたものの、開始から 5 年ほどは手続きの煩雑さなどから活用は低迷。しかし 2012 年ごろから、ふるさと納税に関する情報を掲載したポータルサイト「ふるさとチョイス」がトラストバンク社により開設されたことで徐々に普及が進みます。インターネット上で情報の閲覧から申込み・決済まで可能になったことで全体の寄付金額も拡大し、「さとふる」など様々なポータルサイトの開設が相次ぎます。さらに楽天や KDDI、ヤフーといった大手インターネット企業によるポータルサイト事業への参入や、主要サイトの返礼品情報をまとめたサイトの誕生などで利用者が急増したことを受け、地方自治体も本腰を入れて PR に注力するようになりました。

しかし、自治体による取り組みが強化されるにつれ、返礼品を過度に強調して寄付を募ることの是非を問う声や、競争により返礼品の金額が高騰していることへの批判が高まりました。こうした状況を受け、総務省は 2017 年から寄付に対する返礼品による還元率を 3 割以下にとどめる規制を実施しています。

少子高齢化に直面する地方自治体の課題解決につなげるという制度の趣旨から考えても、ふるさと納税は当該の地域が魅力として抱える産品や文化への接点となり、関係人口（Column 2-1 参照）の創出につながるような健全なあり方が目指されるべきでしょう。制度の活用を担う自治体、そしてそれに関わる事業者には、この仕組みを行政と市民をつなぐコミュニケーションデザインの 1 つとして捉え、地域への当事者意識をより高める形で実践することが求められているのではないでしょうか。

従来の枠組みを超えた 学習・教育手法の出現

「MOOCs」によるオンライン教育環境の拡大

　ITの発達とともに、教育機関や教育系の民間企業において、インターネットを介して様々な教育コンテンツを提供する取り組みが増えてきた。インターネットの強みは、どこにいてもどんな場所でも多様なコンテンツを受発信できることにある。また、スマートフォンの普及は、最先端の教育コンテンツや研究成果に手元で手軽にアクセスすることを可能にした。これまで経済的な事情により十分な教育を受けられなかった人たちが、最先端の研究や教育コンテンツに触れられる環境も広がりつつある。

　オンラインによる大学教育の先駆けは2001年、アメリカのマサチューセッツ工科大学（MIT）がスタートさせた取り組みだった。実際の講義動画などをインターネット上で誰でも視聴できるようにする「オープンコースウェア」というコンセプトを発表し、2007年までに2,000弱もあるすべての講義を公開すると宣言したのである。これが世界的に大きな注目を浴び、日本でも、2005年から東京大学や京都大学などが同様の取り組みを開始している。

　やがて、講義の視聴だけでなく、受講者同士での自由な情報交換やディスカッションが可能なオンラインコミュニティの整備も進んだことから、大学における単位と同様、オープンコースウェアにおいても、修了と同時に社会的に認知された評価を与えるべきだという動きが世界的に起きるようになった。そこで、アメリカのスタンフォード大学やMITなどが2012年から取り組み始めたのが、「MOOCs」（ムークス／Massive Open Online Courses）と呼ばれる教育サービスである。

　MOOCsの修了証は、実際の大学で付与される単位と同等ではないものの、アメリカの企業には一定の任用資格の1つとして認めたり、人事考査上の有力な資料としたりするところもあるという。

　日本でも「人生100年時代」と言われる昨今、一度大学を卒業した人が

キャリアをある程度積んだ後に大学に再入学し、リベラルアーツ（教養教育）などを学び直そうとする例が世界的に増えているとされ、OECD（経済協力開発機構）加盟国の各大学の内、平均で2割、多い大学では4割程度の学生が学び直しのために在籍している人たちで占めているといわれる。こうした学び直しのニーズに応えるシステムは「リカレント教育」と呼ばれており、それを実現する1つのツールとして、オンライン教育が広まっているといってよいだろう。

主体性ある学びを目指す「アクティブ・ラーニング」への注目

　オンラインで知識を得られる環境が充実してくると、実空間における学習のあり方も変化を迫られる。これまでは、教員から手元の教材を参照しながら一方的に教授される講義型の学習形態が主流だったが、近年注目を集めているのは、「反転学習」と呼ばれる形態である。これは、知識の習得は各自があらかじめオンラインで済ませ、教室では教員と、あるいは学生同士でディスカッションやディベート、ワークショップなどを行うことで、得た知識の運用や疑問点の確認に取り組むものだ。このように、単に知識を得るためだけではなく、得た知識を基盤に自分自身で思考したり活用したりする学習の仕方は「アクティブ・ラーニング」[*1]と呼ばれている。

　アクティブ・ラーニングは、必ずしも教室の中だけにとどまらない。主体的に生徒が学ぶために、体験学習として地域へのフィールドワークを行ったり、自分たちでテーマを設定し、リサーチなどを行い、その成果を発表したりすることも行われている。発見学習や問題解決学習、体験学習、調査学習、グループディスカッション、ディベート、グループワークなど、学生自らが主体となって関わり学ぶための学習手法そのものの多様化も進んでいる。

　こうした学習環境の変化は、学生側の学習スタイルだけでなく教員側の教育スタイルにも変化をもたらした。知識の伝達方法のトレーニングだけでなく、学生とともに意思疎通を図りながら、彼らが自ら考える力を養うための対話やカウンセリングの技術を身につけ、コミュニケーションを図っていくことが必要になっている。

置かれた状況に寄り添う「フリースクール」が担う役割

　こうした動きの一方で、セーフティネットとしての役割を果たすオルタナティブな教育の場も求められている。2017年（平成29年）度の文科省統計データによると、小中学校における不登校児童生徒数は14万4,031人（小学校：3万5,032人／中学校：10万8,999人）で、統計開始以降初めて14万人に達し、過去最多を更新した。不登校の要因は、学校の勉強についていけなかったり、いじめを受けて学校に通えなくなってしまったり、軽度の障害で学校生活になじめなかったりなど様々である。

　このように、本来通うはずだった学校で教育を受けることができていない子どもたちを受け入れ、学びの場を提供する民間の教育機関が、「フリースクール」である。多くのフリースクールは正規の学校認可を受けておらず、個人が経営している場合もあれば、NPO法人や有志のボランティア団体が運営している場合もあり、教育理念や方針、学費などは様々である。子どもの自主性を尊重するフリースクールの活動は、子どもたちにとって安心できる場所を提供しながら、正規の学校への復帰や自立を促すことを目的としているものが多い。勉強それ自体のサポートというより、まずは楽しく過ごせる場の提供が基本だが、正規の学校のようにカリキュラムに基づいた授業を行い、学校の授業進度に合わせて規則正しい生活や学習を促しながら、学校への復帰を積極的に支援するフリースクールもみられる。

　フリースクールをめぐっては、通うことそのものが学校復帰や学習意欲の回復に直結しないという声も一部では挙がっている。しかし、様々な要因によって正規の学校に通えなくなった子どもたちにとって、本来の学校や自宅以外で、家族以外の人たちと安心してつながっていられる環境があることは、社会との接点を保っておくうえで重要だと考えられる。目に見えない子どもの不安や焦りといった心の負担を和らげるケアのために、こうした居場所づくりがますます求められてきているといってよいだろう。

　実際、当初開設されていたフリースクールは、小中学生の学齢期にあたる子どもたちを対象とするところが中心だったが、次第に高校生以上の年齢にも拡大されてきた。また制度面の整備も進んでおり、1992年からは小中学校で、2009年からは高校において、当該の子どもが在籍する学校の校長裁量により、正規学校に籍を置きつつ、フリースクール等の民間施設において

相談・指導を受けた期間を学習指導要領上も出席扱いとすることが可能になり、正規の学校に籍を置いている限り、進学・卒業が可能となっている。なお、正規の学校で卒業資格が得られなかったり在籍していなかったりした場合は、「中学校卒業程度認定試験」や「高等学校等卒業程度認定試験」に合格すれば、進学や就職の出願条件を満たすことは可能である。

　また近年では構造改革特区の制度を利用し、学校法人の認可を受けた私立学校のフリースクールの設立が可能となった。代表例として、2004年に神奈川県の「東京シュタイナーシューレ」が法人格を取得し、学校法人シュタイナー学園（現シュタイナー学園初等部・中等部・高等部）を設立。2006年11月には、既存のフリースクールとは別に、不登校を経験した子どもたちが通える「学校法人東京シューレ学園」が認可されるなど、特区を利用したフリースクールの広がりも見せている。

　少子化が進む現代において、従来的なシステムの中で教育を受けられていない子どもたちが年々増加している事実から何を読み解くか。子どもたちが教育を受ける権利、そして自発的に教育を受けたくなる環境をどのようにつくっていくか。学校教育のあり方を再考するだけでなく、多様な環境下にいる子どもたちを社会全体として受け止める仕組みづくりや、誰もが自分に合った形で教育を受けられる環境を整える取り組みに、社会全体が投資する流れを生むことが重要ではないだろうか。

＊1　文部科学省は、アクティブラーニングを「教員による一方向的な講義形式の教育とは異なり、学修者の能動的な学修への参加を取り入れた教授・学習法の総称」としており、その狙いは「認知的、倫理的、社会的能力、教養、知識、経験を含めた汎用的能力の育成を図る」と定めている（中央教育審議会「新たな未来を築くための大学教育の質的転換に向けて〜生涯学び続け、主体的に考える力を育成する大学へ〜（答申）」（平成24年8月28日）より）。

Scene **4**：域内の経済循環を促進する

さるぼぼコイン

つながりが地域経済のインフラに
まちと事業者を育てる電子通貨開発
── 飛騨信用組合

1 人気観光地が直面する足元の現実

　北アルプスなどの山々に囲まれ、自然豊かな景色や古い街並みが今なお残る、岐阜県にある飛騨市、高山市、白川村の３つの地域は、主要な地場産業が観光業、農業、製造業（木工）として知られている。

　世界遺産に登録されている「合掌造り集落」の白川郷はもちろんのこと、源泉地となる平瀬温泉など雄大な自然が体感できる観光スポットとして、年間473万人の観光客が訪れる。外国人宿泊客は2019年時点で61万人を超えるなど、外国人観光客も年々多く訪れるようになっており、国内外に人気の観光地となっている。

　製造業においては、日本を代表する家具産地であり、老舗家具メーカーとして100年の歴史を持つ飛騨産業は、伝統的な木工技術と地産である豊富なブナ材をもとに質の高い国産木工商品を生み出している。

　これら３つの地域を営業エリアに持つのが、高山市に本店を置く飛騨信用組合だ。出資者と構成員や顧客が異なるメガバンクとは違い、信用組合は地域や業種を限定し、組合員らによる預金をもとに運用する協同組織金融機関である。出資者は組織の構成員であると同時に顧客であり、同時に地域住民ということになる。信用組合とは、いわば地域と共存共栄をしていく金融機関である。

　人気観光地として知られる地域ではあるが、2005年になされた市町村合併により、高山市と白川村の土地面積は合わせて25万3,000 haと東京都

全域に匹敵する広大な面積となった。3つの地域を合わせた人口は約11万4,800人で、中心地である高山市は2015年10月の国勢調査で人口9万人を割り込み、将来の人口推計では2045年には6万5,000人となると予測されている。高山市の2015年の総人口に占める65歳以上の割合は30.9%で、全国平均の26.6%を超える高齢化地域だ。高齢化率は2045年までに11.2ポイント上昇し42.1%にまで達すると予想され、人口減少とともに高齢化の歯止めが効かないことが大きな課題となっている。

すなわちこの地域は、対外的な集客力に富む反面、内部には少子高齢化による地域経済の低迷をはらむ2つの側面を持った地域なのだ。これは、地域経済と共存共栄を図る飛騨信用組合にとっても待ったなしの問題であった。

2 │ 財政健全化の先に見出した「CSV経営」という改革のキーワード

そんな飛騨信用組合は、2009年に内部の不祥事によるガバナンスの問題を抱えていた。金融庁から業務改善命令を受けたことに伴い、旧経営陣を刷新することとなる。新たな経営陣のトップとして、岐阜県岐阜市に本店を置く地方銀行の十六銀行OBの林謙三氏が理事長に就任する。当時の飛騨信用組合は自己資本比率こそ23%あったが、預金積金1,888億円に対して貸出金は769億円、預貸率は40.7%と低迷。運用の多くを有価証券に頼るといった姿だった。

こうした状況に対し、林氏が「これでは金融機関と言えない。もっと自己資本を使って高山のまちを変えていかなければ」と呼びかけ、積極的な改革がスタートする。

はじめに着手したのが徹底した融資体制の確立と不良債権処理で、その旗振りとして林氏に声をかけられたのは黒木正人氏だ。黒木氏は、十六銀行事業支援部長、十六信用保証常務取締役を経て、2012年4月に入組、2013年6月から常務理事、2017年から専務理事として主に融資マネジメントの改革に乗り出していく。

黒木氏は、全国各地で融資を伸ばした事例を調査した結果、重要なポイントして融資申込みに対して即日可否の回答をすることで融資実行のサイクル

を短くすることとした。事業者にとっては結果が即座に得られることから、融資の申込数が急増。住宅ローンも1日で回答することで、不動産業者からもまず飛騨信用組合に相談する流れができた。結果として、審査過程は従来と変わっていないにもかかわらず融資残高を伸ばすことに成功したのだ。

　他にも、年金受給タイミングに合わせた預金キャンペーンによって定期預金への移行率を高めたり、農業者応援ローンとして農業経営基盤強化促進法に基づく農業経営改善計画の市町村の認定を受けた農業経営者・農業生産法人に対して、500万円や1,000万円の融資枠を用意したりするなど、預貸率向上を目指した。

　こうした取り組みが功を奏し、2020年3月時点で預金残高は2,588億円、貸出金残高は1,172億円となり、8年間で預金残高を約700億円、融資残高を約400億円伸ばすことができた。不良債権比率も9.9%から3.4%と低下し、金融機関としての健全な経営体制へと移行することに成功した。

　財政健全化による本業の実績向上を基盤にしながら、並行して地域金融機関の将来像を描くための大きな柱として掲げたのが「CSV経営」だ。CSV経営とは、企業活動を通じて社会的な課題解決を目指す経営手法である。その手法を金融機関の経営に展開し、地域課題の解決とあらゆる事業者の成長ステージに合わせた支援を両立するメニューを用意すべく、「育てる金融」構想を打ち立てた（図表1）。

　地域との共存共栄が信用組合にとって必要不可欠なものだからこそ、いかにして地域の事業者と二人三脚で歩んでいくかが問われていた。飛騨信用組合では、その取り組みのコアな役割として地域金融機関を「街のコンシェルジュ」に見立てることにした。そして、事業者やまちの困りごとを解決していく存在として立ち居振る舞いながら、いくつものプロジェクトを立ち上げていった。

　街のコンシェルジュプロジェクトの立役者であり、CSV経営のビジョン策定に携わったのが、飛騨信用組合常勤理事の古里圭史氏だ。飛騨市古川町出身の古里氏は、早稲田大学卒業後、ゲーム開発大手スクウェア・エニックス総務部署の管財業務に従事。その後、監査法人トーマツに入社し公認会計士の資格を取得。トーマツ時代には一部上場企業やベンチャー企業のIPOを担当した経験を持つ。ある時、地元で結婚式を挙げたことがきっかけで飛

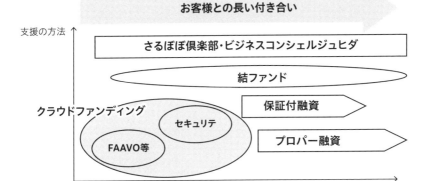

図表1 「育てる金融」構想の全体像（出典：古里圭史氏提供の資料をもとに筆者作成）

騨信用組合の職員を紹介された。折しも、林氏や黒木氏を中心に経営改革の真っ只中で地元企業支援の人材を探していたことから古里氏が抜擢され、2012 年 6 月から飛騨信用組合で働くこととなる。

3 | 育てる金融を実践するクラウドファンディングの環境整備

「育てる金融」構想の大きな方向性として、すでに動いている企業を支援するだけでなく、地元の中小企業の事業立ち上げ初期から成長して安定経営に入るまでの、事業成長の様々なフェーズに対して金融ができる取り組みをいくつも展開していった。

その 1 つが「FAAVO 飛騨・高山」[1] という地域限定のクラウドファンディングの立ち上げだ。2014 年 8 月にリリースした FAAVO 飛騨・高山は、これまで金融機関の融資や支援を受けることが難しかった構想段階や事業初期のプロジェクトや事業計画に対して、クラウドファンディングの仕組みを通じて市民から小規模にお金を集めることができる。プロジェクト立ち上げの思いや魅力的な商品やサービスを発信することで、商品ニーズを把握するマーケティングやその後のファン獲得などの PR 効果も見込める。

特徴的なのは、クラウドファンディングサイトを飛騨信用組合が直接運営

している点である。日本で初めて金融機関が開設したクラウドファンディングサイトだ。開始以来、高山初のコワーキングスペース開設や、地元のハンドボールチームの応援活動や地域のフルーツの販売事業を始めたい個人など様々な立場の人が活用している。2020年3月時点で、FAAVO以外のクラウドファンディングサイトも含め、組成された案件56件に対して51件が資金調達を達成、累計の調達額は2,525万円以上、総支援者は約3,400名にのぼっている。

　サイト運営は飛騨信用組合の職員が担当。本来はサービスの手数料として15％をFAAVO本体が、10％を運営者が受け取る仕組みになっているが、飛騨信用組合は手数料の受け取りをあえて放棄し、プロジェクトオーナーの手取りを85％にすることで、調達した金額が事業者に少しでも還元できるようにしている。「小さな利益を取るよりも、クラウドファンディングをきっかけに事業者との接点をつくることで新しい情報や人のつながりが生まれ、飛騨高山に関わる人を増やしていくことが大切なんです」と古里氏は話す。

　少しでも事業を円滑にすることが結果として地域経済に強い影響を与えるだけでなく、プロジェクト組成の相談のために信用組合の窓口に来てもらうことで、事業の初期から関わりながら成長を後押しできることが金融機関にとっても大きなポイントとなる（**写真1**）。そのため、できるだけ運営コストを抑えた体制にしている。

　FAAVO飛騨・高山のような購入型のクラウドファンディングだけでなく、

写真1　地域密着型で事業者の悩みを相談してもらう場所として「ビジネスコンシェルジュヒダ」を開設。課題を相談し、解決策を見出すビジネスコンシェルジュとして事業をサポートする
（提供：飛騨信用組合）

投資型のクラウドファンディングも行っている。業務提携先であるミュージックセキュリティーズ株式会社が運営するインパクト投資プラットフォーム「セキュリテ」を活用し、通常の金融機関の融資や補助金ではカバーできない資金使途・事業者に対して、資金調達のツールを提供している。これまでに5件の案件が組成され4件が資金調達を達成、総支援額が1,500万円以上、600名以上の人が参加した。

4 ｜ 地元企業の挑戦を支える地域活性化ファンドの立ち上げ

　事業再生や創業支援として立ち上げた地域活性化ファンド「飛騨・高山さるぼぼ結ファンド」（以下、結ファンド）は、株式や社債への投資により、投資先事業者の成長を支援することが目的だ。ファンドの管理運営のため、投資会社であるひだしんイノベーションパートナーズという飛騨信用組合の100％子会社を設立している。金融機関がこれまで行ってきた貸出にとどまらない、資本性の資金を供給する仕組みだ。2015年2月に一号ファンドを設立、協同組合組織金融機関が投資会社を設立したのは当時としては初めての事例である。

　結ファンドでは、飛騨信用組合のみならず全国信用協同組合連合会や地域経済活性化支援機構のREVICキャピタルが出資を行い、総額5億円のファンドを組成。二号ファンドではルネッサンスグループのルネッサンスキャピタルからも出資を受けている。

　投資事例として、まちなかの遊休地を活用した食の観光資源開拓・独立開業支援の拠点として設置された屋台村「でこなる横丁」（写真2）への資金支援や、日本の歴史や文化を感じるお寺を舞台に、社寺でしか味わえない特別な体験・滞在を提供する「お寺ステイ」などを手がける株式会社シェアウィングへの投資などがある。

　でこなる横丁は、今では観光客が楽しめる飛騨高山の新名所となっている。出店コストが抑えられることから出店を希望する事業者は多い。また、その資金も飛騨信用組合が支援している。お寺ステイは、日本文化に関心を持つインバウンド観光客を惹きつけるきっかけになっており、飛騨高山の魅力向上に寄与している。

写真2　高山まちなか屋台村「でこなる横丁」では、郷土料理から個性的なお店まで、地元ならではのグルメを手頃な価格で堪能できることから、地元客からも人気を博している

（提供：飛騨信用組合）

　飛騨信用組合は、結ファンドを通じて、こうした地元の観光資源開発や新たな産業創出を目指す事業を積極的に支援しながら、地元企業とも連携を推し進め、地域に対し新たな市場や雇用を生み出している。

5 ｜ まちで培ったネットワークを基盤にした電子地域通貨

　2017年12月、飛騨信用組合がリリースして注目を集めたのが電子地域通貨「さるぼぼコイン」だ。マイナス金利下における収益確保やフィンテックへの対応という組合経営の課題と、電子・クレジットカード決済用インフラの低普及率や、域外への資金流出といった域内経済の課題を同時に解決する方策の1つとしてスタートした。フィンテックを用いた事業の検討は、林氏の立案のもとで古里氏を中心にプロジェクトチームが組成され、電子通貨のアイデアや運用スキームを古里氏が形にしていった。

　さるぼぼコインは、飛騨信用組合が発行する日本円の電子マネーで、スマートフォンアプリによるQRコードを活用した仕組みだ。ユーザーは事前にウォレットアプリに日本円と引き換えにコインをチャージし、店内に掲示された各店舗専用のQRコードをアプリで読み込み、金額を打ち込むだけで決済が完了する。店舗側はクレジットカードやSUICAなどの電子マネー対応の専用読み取り端末を必要としない。利用者はさらに組合口座と紐付けることで、口座からのコインのチャージや利用履歴などを簡単に確認できるなど利便性の高い決済ツールになっている（写真3）。

写真 3 さるぼぼコインは、2017 年リリース当時には珍しい QR コード読み込み型の決済サービス。今では多くのサービスで QR コード決済サービスが使われている
（提供：飛騨信用組合）

アプリでは、GPS を利用した加盟店の店舗情報やお得なキャンペーン情報などをユーザーに通知し、誘客や販促に活かしている。加盟店で読み取る QR コードは飛騨信用組合が無償で配布し、決済インフラを整える手間やコストを抑えているのも特徴の 1 つだ。加盟店同士でもコインによる決済が可能で、現金を介さない取引が行われている。

とはいえ、電子地域通貨の開発がいきなり始まったわけではない。「さるぼぼ倶楽部」という 2012 年に始めた会員事業が電子地域通貨導入の下支えとなっている。さるぼぼ倶楽部は、飛騨信用組合と取引のある店舗や個人であれば申請することで誰でも会員になれる。会員は加盟店に会員証を提示することで、各店舗が設定した各種サービスが受けられるなど、加盟店の販売促進につなげている。また、組合のキャンペーン企画として、定期預金などの成約時に景品として店舗で使えるさるぼぼ割引券を配布、利用者は実質的に値引きした金額で商品やサービスを購入することができる。

これらの割引のサービス料のうち年間 1,000 万円近くを飛騨信用組合が負担し、組合員への還元施策として会員メリットを高め、同時に倶楽部の会員増加を促した。このさるぼぼ倶楽部による割引券が、実質的な地域通貨のようなものとなっていた。加盟店カタログの作成や加盟店誘客のための情報発信に信用組合が率先して取り組むことで、倶楽部会員が加盟店で飲食や物販購入をする契機をつくり出した。このさるぼぼ倶楽部を基盤に発展させたのがさるぼぼコインなのだ（**図表 2**）。

さるぼぼコインのシステムは、アイリッジ（現在はアイリッジ社の関連小

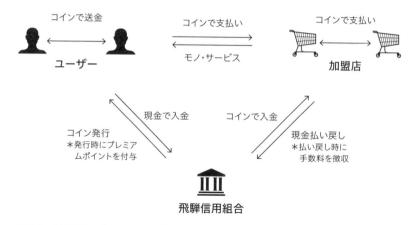

図表2　さるぼぼコインのスキーム図（出典：飛騨信用組合の資料をもとに筆者作成）

会社であるフィノバレーが担当）という東京のベンチャーとともに飛騨信用
組合が一からつくり上げた。同様のシステムを使って君津信用組合・木更津
市・木更津商工会議所が連携して普及に取り組む「アクアコイン」や、株式
会社 eumo が発行している「共感コミュニティ通貨 eumo」など、各地に
も電子地域通貨の仕組みが導入されつつある。2020 年 3 月時点で、さるぼ
ぼコインの加盟店数は約 1,200 店舗、ユーザー数は約 12,000、コイン販売
額は約 15 億円と確実に商圏が広がっている。

　サービスをリリースして判明した想定外の事実として「一番のヘビーユー
ザーは 60 代の女性なんです。スマホは若い人が使うイメージがありますが、
さるぼぼコインを実際に使っている人のうち、50 ～ 60 代の女性が半分ぐ
らいを占めています」と古里氏は語り、「高山のスーパーでは、おばちゃん
たちが普通にスマホ決済をやっています」と話す。電子地域通貨の前に、さ
るぼぼ倶楽部を通じた割引券によるアナログな取り組みによって、擬似的に
域内経済を自然と活性化させる活動を広げたことが功を奏している。

　電子地域通貨の広がりの大きなメリットは、地域内の消費動向をデータで
把握できることだ。さらに、消費データを金融機関内部で保有することで、
加盟店や取引先へのマーケティングなどの支援にもつなげることができる。
また、地方における電子通貨の決済体験を普及させたことで、これまでクレ
ジットカードや電子通貨が使えなかったことによる機会損失を減らし、地方

におけるクレジットカード決済インフラの普及率を底上げし、キャッシュレス決済普及の下地ともなっている。

「地域金融機関がこうした地域密着型の決済ツールを提供することで、域内経済が循環するだけでなく、金融機関の経営としても手数料に依拠したビジネスへと広がっているんです」と古里氏が指摘するように、さるぼぼコインは新規口座開設の誘発や新規事業者との接点にもつながっている。

2019年4月からは、さるぼぼコインを経由して市税などの支払いが可能となった。これにより市役所やコンビニエンスストア、金融機関に出向くことなく自宅や外出先で手軽に納付できるようになっている。

さるぼぼコイン開発の当初から、市税の支払いなど行政サービスのタッチポイントとしてサービスの展開を見据えていた。しかし、スタート直後は自治体も協力的ではなかったという。当初、高山市にさるぼぼコインの提案をしたところ「飛騨信用組合単体だけでは難しい」と指摘された一方、隣の飛騨市は真っ先に導入を検討したことで、市税の支払いをさるぼぼコインで対応することができた。今では、中心都市の高山市とも連携しており、飛騨信用組合の営業エリア全域の行政とも密に連携を取っている。今後、行政サービスとの連携やB2B決済での資金流通の仕組みの導入、クレジットカードの連携、アプリやシステムとしての機能改善や拡充を図っていくという。

さらにさるぼぼコインの浸透は、防災にも役立つという思わぬ効果も生み出した。飛騨市では災害情報を防災無線で知らせていたが、さるぼぼコインアプリを通じ、災害が起きた場所から一定距離にいる人にスマホのプッシュ通知ができる機能を実装。地域の特性を活かしながら、市民生活に欠かせないツールとしての改善を日々行っているのだ。

6 ｜地域経済の新しいインフラをつくる

こうした様々なチャレンジを立て続けに行っているが「すべての職員が取り組みを理解し、対応しているとは言えません」と黒木氏は指摘する。変革についてこられない職員は新しい発想をするのは難しく、全員が一体感を持って進めることはなかなか困難なのが現状だと、課題感を抱いている。

しかし、地域課題は待ってはくれない。経営改革を積極的に進めていくた

めにも、内部研修だけでなく人事採用にも力を入れていった。地域金融機関を「地方創生を担う組織」として全面的に打ち出した募集を行ったことで、「今まで地域金融機関に入らなかったような優秀な人材獲得にもつながっています」と黒木氏は組織全体の改革にも意欲を見せる。

　これまでの地域金融機関のあり方から脱却し、域内経済を活性化させるために「一プレイヤーとして、主体的に地域の課題解決に乗り出していくことが、新たな地域金融機関として求められている役割」と古里氏も話す。

　民間企業やNPOといった民間主導の活動と、これまで行政が行ってきた取り組みだけでは解決できない地域課題に対して、地域の一員たる地域金融機関が課題解決に取り組む。「育てる金融」というコンセプトで掲げているように、事業の立ち上げ期から安定期まで、様々なフェーズにあわせた支援体制や、域内経済の新たな基盤づくりとしてのキャッシュレス化の決済インフラを築き上げることによって、地域住民にとって快適で便利な地域生活を送る環境を整え、新たな経済を生み出す土壌を育んでいる。これまでの地域金融機関のあり方を超え、新たな地域の経済基盤づくりとして、地域金融機関ができることはなにか。課題先進地域である飛騨高山の地から学ぶべきものは多いはずだ。

---

*1　飛騨信用組合では現在、購入型のクラウドファンディングサイトはFAAVO以外にCAMPFIRE、Makuakeなどの他のプラットフォームも活用している。プラットフォームによって成功しやすいプロジェクトや得意領域が異なるため、起案者のニーズやプロジェクトにあわせてプラットフォームを使い分けて提案を行っている。
　なおFAAVOは、2018年3月に実施された株式会社CAMPFIREへの事業譲渡に伴い、同年4月に「FAAVO by CAMPFIRE」に名称変更している。2020年5月には、CAMPFIREとのシステム統合に伴い、FAAVO上でのプロジェクトの新規作成を停止しており、同年12月（予定）にはFAAVOの全機能が停止する。

地域通貨

地域経済の活性化を目指すうえでは、域内における様々なコミュニケーションの促進が欠かせません。その1つの方策が「地域通貨」の導入です。

地域通貨とは、ある特定の地域や共通の目的を持ったコミュニティにおいて、法定通貨と同等、あるいはまったく異なる価値を持つものとして発行され、その地域・コミュニティの中ではサービスや商品の対価として使用することが可能な通貨を指します。流通にあたっては、利用可能な地域が特定されるだけでなく、法定通貨との交換率もそれぞれ独自に設定される点が特徴です。また使途や交換期間が限定されている場合が多いことから、貯めずに積極的に使おうという気持ちを促す、いわばマイナス金利のような特徴も備わっています。

こうした点から注目された地域通貨の仕組みは、経済活動の促進はもちろんのこと、相互扶助を促しコミュニティを活発化させることを目指す多くの地域で、導入が試行されてきました。一時は国内でも650種類を超える地域通貨が存在していたといわれています。例えば東京の早稲田・高田馬場を中心に流通している「アトム通貨」（図表1）は、地域で開催されるイベントやボランティア活動等に参加することで取得でき、対象の加盟店で利用することが可能です。

一方で地域通貨をめぐっては、継続性や効果に課題があることもしばしば指摘され、運用が断念されることもあります。例

図表1　アトム通貨（出典：アトム通貨のウェブサイト）

えば、北海道栗山町で2000年から発行された「クリン」や、神奈川県大和市で2002年から発行された「LOVES」などがあります。クリンは、発行・管理に掛かる費用の財源としていた町からの補助金の打ち切りにより2011年以降の発行・流通が停止。LOVESも、かねてから利用者や加盟店舗の少なさが課題として指摘されていたなかで、運営費を補填していた経済産業省や市からの補助金による財政面の支援も失い、2007年に発行・流通を停止しました。補助金などの不安定な予算に依存した運営は、財政基盤の喪失が運営停止に直結する脆弱性をはらみます。自主・自立の上で発行・流通を続ける仕組みづくりが、地域通貨には求められているのです。

近年では、Case 8で紹介したさるぼぼコインのように、デジタル技術を駆使して利便性の大幅な向上に成功する例もみられます。元来抱えてきた課題を克服しつつ、域内の経済循環促進やコミュニティの活性化といった本来の機能を効果的に引き出す、新たな地域通貨のあり方が登場しつつあるといってよいでしょう。

ソーシャルビジネスを主導する
組織体とそれを支える仕組み

NPO と中間支援組織

　教育環境の充実や貧困対策のような福祉サービス、災害時の復旧・復興支援など、国や行政だけでは担いきれない様々な社会課題の解決において、民間の組織・団体が大きな役割を果たしてきた。中でも 1998 年に制定された特定非営利活動促進法（NPO 法）に基づく特定非営利活動法人（NPO）は社会課題に取り組む重要な担い手の一角として拡大し、2018 年（平成 30 年）度時点で 5 万 1,000 団体以上を数えるに至っている。

　こうした NPO の増加とともに、NPO を支援する中間支援組織が全国的に広がってきた。人材育成や事業支援といった NPO の組織自体へのアプローチだけでなく、企業との連携や自治体との協働の推進、社会課題に関する調査研究事業の開発など、民間企業や公共機関との、あるいは NPO 同士の橋渡しになるアプローチをとる中間支援組織も見られる。求められているのは、NPO が提供できるサービスと、それを必要とする組織・団体をマッチングさせ、円滑な地域社会をつくりだすためのコーディネーターとしての役割であるといえる。なお、文化芸術に対する助成事業を行う「アーツカウンシル」のように、国・地域の特性や政策方針に合わせた事業や運営を行う専門機関も中間支援組織に含まれている。

　中間支援組織の形態は、公益財団法人をはじめ多岐にわたる。ガバナンスの形態も地域や組織の目的によって多様で、設置主体は NPO、第三セクター、自治体、社会福祉協議会など様々だ。公設の中には運営を NPO などの民間団体に委託する例も多く、指定管理者制度（Column 1-2 参照）の導入以降は特に公設民営型の中間支援組織が増えている。

ネットワークと信用の構築を下支えする NPO バンク

　公益性の高い活動に取り組む NPO の一般的な資金調達モデルは、①会費・寄付、②事業収入、③補助金・助成金、④受託収益だと言われている。

事業収入だけで運営を成り立たせているNPOは少なく、4つの収入源をバランス良く組み立てて運営に努めているのが実情である。

　寄付や会費、補助金といった、一般に安定しているとは言い難い運営資金が柱になっていると、金融機関としてはNPOを有力な融資先として見込むことはなかなか難しい。同時にNPOにも、金融機関から融資を受けられるという期待を持っている団体は多くないだろう。

　そこで生まれてきているのが、「NPOバンク」という新たな機関である。NPOバンクとは、市民が自発的に出資した資金により、地域社会や福祉、環境保全のための活動を行うNPOや個人などに融資することを目的に設立されている。1口数万円程度の出資を募り、NPOや個人は1件あたり数十万円から数百万円程度の融資を受け、1%〜3%程度の年利が一般的とされている。出資者にとっては、元本保証がなく出資金を自由に引き出すことはできないものの、自分のお金が運用される様子を目の当たりにできることに特徴がある。

　日本で最初のNPOバンクは、1994年に設立された「未来バンク事業組合」である。環境活動家・田中優氏を中心に金融と地球環境の問題がどのように結びついているのかを考える動きのなか、具体的な対応策を検討するために1993年に「環境と金融研究会」が発足。お金の使いみちを具体的に検討するなかで、同研究会を中心に組合形式で出資金を募り、貸金業登録をし、自分たちで金融をつくろうとの考えに至り、1994年4月に「未来バンク事業組合」を設立した。同年7月には未来バンク事業組合の融資部門として「未来舎」を設立し、未来バンク事業組合が出資金を募り、未来舎が貸金業登録を行った上で融資を始めることとなった。

　以来、社会問題に関心の高い人たちを中心に、お金の使い道を自分たちで決め、納得のいく形でお金の循環をつくりたいという考え方が広がり、現在は約20程度のNPOバンクが活動するまでとなった。ここでは、代表例として2005年に誕生した愛知を拠点に活動している「コミュニティ・ユース・バンクmomo」（以下、momo）の活動を紹介しよう。

　momoは地域の課題解決に挑むNPOやソーシャルビジネスに対して融資を行っているが、出資者に対して利子や配当という形では還元していない。代わりに、出資したお金が何に使われたのか、地域でどう活かされたか

といった融資先の進捗や情報をウェブマガジンやメールマガジンなどで積極的に発信するなど、お金の「見える化」を徹底している。また、お金の見える化をすることが、結果として当該 NPO の活動報告や活動によってどのような結果を生み出しているのかを同時に伝える役割を担っている。

　momo の融資先の条件は「地域のため」を念頭においた事業であることで、設立からこれまで 14 年間（2019 年末現在）で 1 件も貸倒れなく運営されており、2016 年度には出資者は個人・法人合わせて 540 名にのぼった。2015 年末に発行した『momo のあゆみ 2005 ～ 2015』によると、出資者の多くは愛知県在住で、続いて東京、岐阜と並んでいる。年代別に見ると男女ともに 30 代が最も多く、続いて 40 代、50 代、60 代は 20 代とほぼ同じとのことである。

　融資審査のプロセスは未来志向で、これからどういう事業を行おうとしているのか、どのような背景や思いからその事業を計画するに至ったのか、実現するためにどのような組織体制を敷いているのか、といった項目をもとに丁寧なヒアリングが実施される。時には、組織が実際に活動する現地に赴き、綿密な調査を実施して審査を行うこともあるほど、融資実行は慎重に行っている。出資総額の 70％を目標に融資を行っているという。

　さらに融資完了後のフォローアップや出資者との関係づくりが重視されていることも特徴として挙げられる。例えば、融資先の NPO に対して、momo が主体となってボランティアの参加を募ったり、出資者向けに融資先への訪問ツアーなどのイベントを企画したりと、出資者と融資先が「顔の見える関係」になるサポートに取り組んでいる。出資金が地域の中で活かされている様子を実感できる機会をつくり、出資者を融資先のファン、ひいては地域のファンにすることがねらいにある。

　NPO バンクから融資を受けられたということは、NPO にとってみれば事業を認められた証拠になり、完済できれば事業に対する自信に、さらに事業をある程度軌道に乗せることができれば、また次の融資への足がかりとなる。一般の金融機関にとっても、NPO バンクの審査を経た団体であれば返済能力や運営体制といった評価が比較的容易となる。

　実際、NPO バンクの融資実績をもとに貸出判断を行う金融機関もある。例えば、岐阜県飛騨高山市を中心に循環型農業事業を展開する株式会社ス

ピリットに対して、設備投資として日本政策金融公庫が300万円、momo
が200万円の合計500万円の融資を実行した。この融資は、既存金融機関
とNPOバンクが協調融資を行った初の事例として注目された。その後、ス
ピリットは2016年4月に飛騨信用組合が設立した「飛騨・高山さるぼぼ結
ファンド」から1億5,000万円の資金を調達し、堆肥製造用のプラントや
ストックヤードの改修費用など事業拡大のための設備投資を行っている。

　こうした協調融資は、地域の課題解決に取り組むソーシャルビジネスの事
業者を、地方公共団体や地域金融機関、中間支援組織などが連携して支援す
るネットワークづくりにつながる。事業者にとっても、様々な支援機関とコ
ミュニケーションをとりながら中長期的な計画を練ることで、事業そのもの
のブラッシュアップが可能になる。

　地域の課題を解決するために取り組む事業者、それらをサポートする
NPOバンクらと地域金融機関との親和性は高く、様々な形での連携を視野
に入れることができるはずだ。また、NPOバンクによる徹底的な可視化を
通じた出資者らとの関係性の構築手法については、地域金融機関にとって学
ぶべきポイントがあるはずだ。

地域の社会関係資本を連携させるコミュニティ財団

　市民主導で地域課題の解決やコミュニティづくりに取り組もうとする動き
の1つとして近年注目されているのが、「コミュニティ財団」という新たな
活動体だ。コミュニティ財団は、ある地域の市民（所属は問わない）が主体
となって、寄付金を中心に確保した財源で、地域コミュニティの暮らしを支
えるための様々な取り組みをサポートする組織である。資金調達の手段とし
て融資よりも寄付が適しているとされる地域内のNPOやソーシャルビジネ
ス事業者に対して、助成金を中心とした資金提供を行うほか、起業家育成の
ノウハウや人材ネットワークなど様々な資源の仲介・提供まで行う場合もあ
る。米国では、1914年のクリーブランド財団を端緒に700以上もの財団が
設立されており、全世界ではその数が1,700以上にのぼるとみられる。日
本では、1991年に大阪コミュニティ財団が設立され、2008年に行われた
公益法人改革を受けた京都地域創造基金などの創設（2009年）を経て、現
在では約60のコミュニティ財団が活動している。

コミュニティ財団は基本的に公益法人という法人格を有するのが一般的であり、公益性の高い取り組みについて、行政や地元企業、大学など様々な団体と連携を図りやすいのが特徴だ。先述のようにコミュニティ財団の活動は資金的な助成だけではなく、資金難の事業者の経営力を向上するための支援プログラムの提供などを通して、支援先のNPOが地域の課題を可視化する力や寄付を集める力を育み、地域になくてはならない存在として成長することを目指すものだ。つまりお金だけではなく、人的資源で事業者を応援し、課題解決のために貢献したい人と、課題解決に挑む事業者をつなぐ役割があるといえる。また、助成金事業だけでなく、地域の空き家情報の収集や、遺贈寄付を通じて不動産などの有形資産を引き受け、それらの資産を活用した事業を行うなど、地域資源を地域に活かすための橋渡しという役割もある。

　コミュニティ財団はもともと地方都市での組成が多かったが、最近では都心部でもコミュニティ財団設立に向けた動きが起きはじめている。例えば世田谷コミュニティ財団は、公益信託世田谷まちづくりファンドで活動してきたメンバーらが集い、新たな世田谷の地域コミュニティづくりのために立ち上がったものだ。財団設立のために必要な基本財産300万円と初年度の運営費を寄付で募りつつ、クラウドファンディングを通じてオンラインで出資を呼びかけるなど、様々なコミュニケーションツールを活用した広報活動を行い、設立に必要な資金を確保した。2018年4月に一般社団法人の設立が承認され、本格的な活動をスタートさせている。都市部において地域コミュニティづくりを後押しする動きが活発になっている例の1つと見てよいだろう。

公益法人・地域金融機関の連携によるソーシャルビジネス支援

　ソーシャルビジネスへの支援としてはこのほか、公益財団法人が中間支援組織として地域金融機関と協働する例もある。その1つが、公益財団法人日本財団と西武信用金庫が連携して取り組んだソーシャルビジネス事業者向けの融資プログラム「CHANGE」である。

　このプログラムでは、創業期にある事業者が行う資金調達向けに500万円、成長期の事業者が社会的なインパクト拡大のために行う資金調達向けに上限5,000万円のコースを設置。融資申請が行われた事業に対しては、日

本財団とソーシャルビジネス支援の知見を持つ NPO 法人 ETIC. の代表者ら
で構成された事業評価委員会を通じ、社会課題解決のための具体性や実現
性が事業に備わっているかを判断し、西武信用金庫が財務審査のうえで融
資を実行するというプロセスがとられる。さらに日本財団の助成制度を活
用し、仮に融資がデフォルトに陥った際も助成金により損失を補填できた
り、融資の際の金利を助成金でまかなえたりする仕組みを構築することで、
CHANGE を利用する事業者に対して低金利の融資を実現している。
　一般的な中小企業とは異なる収益モデルが組まれるソーシャルビジネスに
おける与信リスクを軽減させることで、従来の金融機関では関与できなかっ
た分野においても融資が行える仕組みの好例であろう。

リレーションシップキャピタル

コミュニティにアプローチする

原点回帰の事業支援

―― 第一勧業信用組合

1 │ 都会における地域コミュニティの希薄化と信用組合

　都市部における地域コミュニティの希薄化は、マンションの増加、共働き世帯の増加、商店街の衰退等により、従来にも増して進展している。もちろん、都会における近隣者との希薄な関係は、他人への無関心さとともに、多様性を許容する背景ともなっており、自由を求める人にとっては、むしろ好ましいと捉えられている面もある。ただ、近所付き合いが少なくなり、自治会や町内会への加入率が低下している結果、独り暮らしの高齢者へのサポート、防災、防犯といった地域内での助け合いが必要となる事象への不安が高まっている。また、近隣者とのコミュニケーションを望んでいる住民においては、そのためのきっかけや余裕がなくなっているといった面がある。

　金融機関の中には、株式会社である銀行のほかに、信用金庫や信用組合といった協同組織金融機関がある。協同組織金融機関は、営利組織ではなく、構成員（信用金庫であれば会員、信用組合であれば組合員）同士の相互扶助を目的に設立された金融機関である。まさに、コミュニティをベースにした金融機関と言ってよい。

　信用金庫のほとんどが地域をベースとしているのに対し、信用組合がベースとしているコミュニティには、①地域、②業域（同業種同士の事業者のコミュニティ）、③職域（同一組織内の職員のコミュニティ）の３種類がある。

　第一勧業信用組合は、もともと、日本勧業銀行（その後、第一勧業銀行になり、みずほ銀行となった）の職域信用組合だった。その後、1965年5月

に東京都を地盤とする地域信用組合となっている。現在は、本店を四谷に置き、都内に 26 店舗と千葉県市川市に 1 拠点を有している。預金量は 3,000 億円程度であり、東京を地盤とする金融機関としては比較的小規模である。

2 │ 画一的な企業評価からの転換

　協同組織金融機関は、以前は相互扶助の精神に基づき、地域のコミュニティの情報を活用して中小企業の資金繰り支援をしてきた。「あの会社の社長は小学校以来の知り合いで、信頼できるやつだ」といった、同じ地域で生活をともにしてきたことで得られる情報が、融資判断時の企業の評価にも活用されていた。

　一方、1999 年の金融検査マニュアルの導入後、これを踏まえた金融検査を通じて、日本の金融機関の全てが財務情報を活用した企業格付とそれに基づく審査の仕組みを導入し、定着させていった。この手法には、客観性があり、定量的に企業を評価できるメリットがあった。評価する人が異なっても、同じ結論が得られることによって、審査の品質が保たれるものと考えられた。

　大手銀行、地域銀行だけでなく、信用金庫や信用組合においても、同じような仕組みが導入された。これは、日本の金融機関において「企業評価の標準化」が進んだことを意味している。この標準化は、金融機関内部においても金融業界全体としても進展した。

　金融機関内部において、格付が高い企業、つまり財務内容が良い企業に対する融資の意思決定はスムーズになる一方、格付の低い企業に対する融資の意思決定には相当の手間がかかるようになった。この状況下で、単純な貸出増強がノルマになると、金融機関の営業店の職員にとっては、高格付の企業へ行って、「お金を借りてください」というお願いセールスが最も手っ取り早いノルマ達成手法となった。

　また、どの金融機関でも企業評価の手法が同じになった結果、ある金融機関からみて「良い企業」は、他の金融機関からみても「良い企業」であり、ある金融機関からみて「悪い企業」は、他の金融機関からみても「悪い企業」になった。

格付けの高い企業の多くは、資金繰りにも余裕のある先が多く、相対的には資金需要が少ない。そこに金融機関が群がって、融資をセールスすることになった。その結果、多くの金融機関において貸出の増加がさほどでもないにもかかわらず、利回りの顕著な低下が生じた。

　第一勧業信用組合も、新田信行氏が理事長に就任する以前は、財務情報から導き出した格付を踏まえて企業を評価していた。しかし、信用組合の取引相手である中小企業の信用の評価を財務の数字だけで判断するのは危険だ。財務諸表と経営の実態が乖離していることが多いからだ。また、決算書で表された実態は、過去の一時点の情報でしかない。その時点ではある程度正確に経営の状況を示していたとしても、中小企業の経営は、ちょっとしたことであっという間に変わってしまう。企業規模が小さいほど、年に1回の決算書で分かることは一部でしかない。

　過去、金融界で財務資料だけでスコアを出し、それに基づいて融資の可否を決めるスコアリング型のビジネスローンが流行した時期があった。そのほとんどが想定を上回る貸倒れが発生し、頓挫してしまった。実態とは全く異なる決算書を持ってきて融資の申請を行う先が多く、そうした不正を排除する仕組みがなかったことが大きかった。

3 ｜ 定性情報を活用したコミュニティ・ローン

　新田氏は、長らく融資のリスク管理に携わってきた経験から、中小企業を定量的な情報のみで判断することの問題を認識していた。新田氏は、1981年に大学卒業後、第一勧業銀行（現みずほ銀行）に入行したが、約40年間の金融マン生活のほとんどが、負の遺産である不良債権の処理だった。多くの顧客が破綻し、金融機関の存続自体が問題となった時代を生きてきた。みずほ銀行では、与信企画部長も担当した。どういった貸し方が不良債権を発生させてきたかを熟知していた。

　「経営者にも会わないで、工場等の現場も見ないでは恐くて貸せない」と、新田氏は言う。中小企業を評価する場合には、経営者の人物や現場の状況が、財務情報以上に重要になる。大きな企業であれば、組織全体で事業が支えられている。社長が交代しても、組織が大きく変わらなければ事業の内容

も変わらない。しかし中小企業では、社長の個性が影響する範囲が大きい。「あの社長がいるから取引している」という企業があったり、現場の規律が社長もしくは番頭的社員の存在によって支えられていたりする。中小企業を評価する場合は、経営者に直接会い、現場に行って感じることによる定性的な評価に多くの部分を頼らざるを得ない。

第一勧業信用組合には、定性情報を重視した融資の発展型として、新田氏が理事長に就任してつくられた独自の無担保・無保証のコミュニティ・ローンがある。

通常、金融機関が「○○ローン」と名付けている商品は、多数の借り手を想定したマス向けの画一的な手順で対応する融資を指している。その典型は、住宅ローンである。住宅ローンの申込み者は、年収、自己資金の額、勤続年数、家族構成等の定量的な情報の提出が求められる。それらの定量情報を審査モデルと呼ばれる評価式に入れると、融資の可否が自動的に判断される。審査をある程度自動化することによって、事務コストを抑えて多数に展開することが可能になる。

しかし、コミュニティ・ローンは「東十条商店街ローン」や「台東区の皮革事業者向けローン」など、狭いコミュニティの単位ごとに専用に生み出されたものである。コミュニティ・ローンでは融資実行の際に、商店街ローンであれば商店街の組合長の推薦を条件としている。「コミュニティの代表者の推薦」の形で、コミュニティの定性情報を吸い上げているわけである。

コミュニティの代表者が持つ定性情報は、対象範囲が広くなると薄まってしまう。必然的にローンの対象となるコミュニティの範囲は小さくなる。このため、第一勧業信用組合のコミュニティ・ローンの種類は400を超えている（**図表1**）。

コミュニティ・ローンの原型は、2016年春に生まれた「向島芸妓ローン」だった。話は、乃り江さんという芸者さんが、浅草で自分のお店を出したいと第一勧業信用組合に相談したときに、吟味の末、融資を実行したことから始まっている。そのおかげで、乃り江さんは「KaSHiMA」という店を浅草に出店することができた。それまで、芸者が金融機関から融資を受けるのは容易ではなかった。なぜなら年収が安定的ではないからだ。そのため、彼女たちは人生設計を立てづらかった。

図表1　コミュニティ・ローンの案内チラシ
(提供：第一勧業信用組合)

新田氏は、この融資をきっかけに、芸者向け融資を商品化できないか、と考え、向島の料亭組合の組合長に相談してみた。組合長は「昔は芸者がカネを借りるとなると、私が人柄をみて個人保証をしていた。そうしないと誰も貸さなかった」と言った。そして芸者ローンの提案に対して「また、私の保証が必要になるのですか」と聞いた。新田氏は「料亭組合の組合長として、芸者さんの人となりを判断して、推薦だけしてください。保証も担保も不要です」と答えた。

第一勧業信用組合の芸者ローンは、物珍しさもあって話題となった。新田氏はある日、向島の料亭の女将さんと会った際に突然、「理事長、本当にありがとうございます」と感謝の言葉を掛けられた。新田氏が戸惑って、「何のことですか」と尋ねると、「芸者ローンの話を聞いて、若い芸者さんが『自分も将来、第一勧信からお金を借りて自分の店を出そうと思う。だから、おカネを貯めて準備する』と言って喜んでいます」と女将さんが言った。

その後、第一勧業信用組合は、東京の花街でいくつかの芸者ローンをつくった。これが、第一勧業信用組合によるコミュニティ・ローンの始まりである。

4 ｜ リレーションシップキャピタルという戦略

以前の第一勧業信用組合では、財務実績でみた高格付け先にお願いセールスをしていたが、顧客基盤は縮小していた。新田氏は、このお願いセールス

をやめさせた。新田氏が第一勧業信用組合の理事長になった当時、顧客訪問をした際に、顧客から居留守を使われたり、「何も買うものはないから」と言われたりした。職員のほとんどが、顧客にお願いセールスをして回った結果だった。

　新田氏は、「セールスをすると、お客さまの気持ちが冷めてしまう」「私たちの仕事は、まちの人たちと仲良くなること、お客さまに喜んでもらうことだ」と説いた。また、「祭りに参加しよう」と職員に呼びかけた。地域コミュニティに密着する上で、地域の行事への参加は重要である。第一勧業信用組合では、土日に祭りに参加すると平日に代休を取る。祭りへの参加は「信用組合の仕事」として位置づけられているからだ。2018年度の1年間で、第一勧業信用組合として参加したお祭りやイベントは年間657回に上った。

　当初は、従来のやり方を変えることにとまどいを覚える職員もいた。しかし、多くの職員にとって新田氏の方針は、本来、信用組合の職員として「そうありたい」との思いと一致していた。

　コミュニティへの支援と同時に、コミュニティの中にある定性情報を信用リスク管理に活用する手法により、第一勧業信用組合では顧客基盤の拡大と不良債権の削減が同時に進行した。この結果、収益はV字回復を遂げた。新田氏が理事長就任前にあった43億円の繰越損失は、4年半で一掃された。

　新田氏は、こうした第一勧業信用組合の戦略を「リレーションシップキャピタル」という概念で説明している（**図表2**）。この考え方は新田氏のオリジナルだ。リレーションシップキャピタルは、「金融機関の職員・行員」「組合員あるいはお客さま」「商店街や町内会さらに、それらを応援する人たちを含めたコミュニティ」と「信用組合との関係性」の掛け算を指している。

　「信用組合の目的は、収益を上げることではなく、このリレーションシッ

リレーションシップキャピタル
　　＝（職員＋組合員＋コミュニティ）×（信用組合との関係性）

図表2　リレーションシップキャピタルのイメージ

プキャピタルを増やすことです。このリレーションシップキャピタルの増やし方は簡単です。職員が成長するとリレーションシップキャピタルが増えます。職員同士のチーム力が上がれば、増えます。組合員、お取引先の事業が成長すれば増えます。お取引先の資産形成が上手くいけば増えます。町内会、商店街などコミュニティが繁栄すれば増えます。創業支援とか地域の社会的課題解決ができれば増えます。それと、信用組合との関係性が深まる、絆が深まることによってリレーションシップキャピタルは増えます。それを目指せば、結果として計数・収益はついてきます」（新田氏）。

5 | 起業家コミュニティを活用した創業支援の展開

　創業支援を行う金融機関として有名なのは日本政策金融公庫だが、信用金庫や信用組合でも創業支援に積極的な先は多い。第一勧業信用組合もその１つだ。第一勧業信用組合は創業支援部署を開設し、創業者向けのファンドの創設やアクセラレータープログラム（期間を限定して起業家を育成・支援するプログラム）の開催に取り組んできた。注目すべきは、創業支援においてもコミュニティを活用していることだ。

　クラウドサービス大手のサイボウズ株式会社が展開する「地域クラウド交流会」という地域の創業者を応援する交流会イベントがある。略して「ちいクラ」と呼ばれている。これは、みずほ銀行出身の永岡恵美子氏が、千葉市の起業家支援施設の館長を経てサイボウズに就職して始めた事業だった。

　ちいクラでは、5人の起業家がプレゼンテーションを行い、これに対し参加者が投票を行う。参加料は1人1,000円で、参加者1人につき500円が運営費に充当され、残りの500円は投票される起業家への賞金になる。このように、リアルのイベントで参加費を起業家へ配分するため、「起業家本人に会えるクラウドファンディング」になっている。

　しかしちいクラの意義は、資金調達よりも起業家と地域の人的ネットワーク形成にある。ちいクラでは、最初に参加者全員でラジオ体操（大人の本気の「ラジオ体操」と名づけられている）を行い、全員で一緒に和んだ雰囲気をつくることから始まる**（写真1）**。起業家のプレゼンテーションと投票もあるが、参加者同士が交流する時間をたっぷり取っている。交流のきっかけ

写真1　地域クラウド交流会における大人の本気の「ラジオ体操」
(提供：地域クラウド交流会®)

となるように、会場の隅には参加者全員の名刺が貼り出されたコーナーや、参加者のニーズや宣伝（「こんなビジネスをしている人を探しています」「こんなサービスを提供できます」など）が貼り出されたコーナーをつくってある。会場内には、「応援し隊」と名付けられたボランティアがいて、交流の輪に入りきれない人たちに声かけをする。交流会が終わったら、知り合った人同士で「アフター交流会」という2次会に三々五々出かけるといった具合である（ちいクラでは飲食を提供しない。アフター交流会による地域の飲食店の活性化を意図しているからだ）。

　なお、ちいクラにおいてサイボウズが提供しているのは開催ノウハウやサポートであって、地域ごとに開催されるちいクラを主催しているのは、各地にいるオーガナイザーという役割の人や組織である。オーガナイザーには、もともと主婦だった人もいれば、金融機関もいる。金融機関としてのオーガナイザー第1号が第一勧業信用組合だ（なお、Case 8で登場した飛騨信用組合は、オーガナイザーではないが金融機関としては初めてちいクラ開催に関わっている。また、但馬信用金庫も豊岡市のちいクラオーガナイザーである）。

　第一勧業信用組合は、オーガナイザーを担ってから積極的にちいクラを展開した。サイボウズにいた永岡氏に、第一勧業信用組合のアドバイザーとして兼職をしてもらったほか、2016年9月の江東区での開催を皮切りに、隅田区や江戸川区での開催につなげていった。その後も東京都内各区に拡大していくと同時に、2020年1月には江東区でのちいクラ開催回数が10回を

写真2　135名が参加した
第10回江東区地域クラウ
ド交流会
（提供：第一勧業信用組合）

数えるまでになった（**写真2**）。第一勧業信用組合によるちいクラ開催回数
合計23回は、全国でトップとなっている。

　第一勧業信用組合主催のちいクラではこれまでに、合計115人の創業者
がプレゼンを行ったことになる。その多くは、第一勧業信用組合がすでに創
業を支援している事業者であるが、連携する地方自治体からの推薦で参加し
た事業者もいる。ちいクラには、第一勧業信用組合のほかにも連携する信用
組合や日本政策金融公庫といった金融機関、開催区の区役所の創業支援担
当、中小企業診断士や税理士などの士業も多数参加している。創業者は、ち
いクラに参加することによって、多くの創業支援機関と知り合えるのだ。

　さらに、ちいクラを契機に事業者同士の連携が生まれることがある。アナ
ウンサー時代の経験を活かし、話し方教室「LLPことば屋」を始めた柄沢
恵子氏は、2018年末の江東区（第8回）のちいクラでプレゼンを行った。
柄沢氏は、プレゼン後の懇談中に、ちいクラの司会をしていた第一勧業信用
組合の渡邊恵美氏から、子ども向けの文章表現教室である「空色ことば」の
話を聞いた。

　「空色ことば」代表の松田美紀氏は、2017年末の江東区（第6回）のち
いクラでプレゼンを行っていた。この時、松田氏は最多の票を得たことで、
その後、サイボウズが幕張メッセで開催した全国大会にも出場していた。そ
の印象が残っていた渡邊氏が、社名に「ことば」が入っていることの連想か
ら話したものだった。柄沢氏は興味を持ち、「空色ことばを紹介して欲しい」
と渡邊氏にお願いした。渡邊氏は、すぐに第一勧業信用組合の千田町支店
で、柄沢氏と松田氏の面談をセットした。

会ってすぐに意気投合した柄沢氏と松田氏は、その後協力して、子ども向けに文章と会話を合わせた表現力アップのプログラムを提供するようになった。また、松田氏がウェブページの作成ノウハウを持っていたことから、「LLP ことば屋」のホームページ作成も請け負うようになった。

　柄沢氏は、「ちいクラは、本当にいろいろな人をつなぐビジネスマッチングの場でした。特に、美紀さん（松田氏）との出会いをつくってくれた第一勧業信用組合の渡邊さんには感謝しています」と話す。松田氏は、「ちいクラでは、多くの方と知り合えるのが楽しいです。ちいクラによって、大勢の前でお話しさせていただく機会を得たことも私の財産です」と語っている。

　ちいクラは創業支援イベントだが、コミュニティの活性化とその活用をベースにしている。第一勧業信用組合が取り組んできた「祭への参加」や「コミュニティ・ローンの展開」と同じ文脈のものだ。ちいクラの推進も、第一勧業信用組合においては、リレーションシップキャピタルの増加につなげているのだ。

6 ｜ コミュニティの再生こそ信用組合の王道アプローチ

　そもそも信用組合は、組合員同士の相互扶助を目的とした非営利の組織であり、コミュニティそのものであった。しかし、組合員同士で協同するはずのものが、いつしか顧客とサービス提供者の立場に分かれてしまい、効率的にサービスを提供し、利益を得ることが重視されるようになってしまっていた。新田氏の取り組みは、「信用組合の本来の姿に戻る」ことにほかならない。

　協同組織金融機関の相互扶助の精神を説明する際に、よく引き合いに出される映画が「素晴らしき哉、人生！」（原題 It's a Wonderful Life）である。1946 年公開の映画だが、アメリカではクリスマスに毎年繰り返し放映されるので、若い人たちでもこの映画のことを知っているという。物語は、アメリカの住宅金融組合（Building and Loan Association）を経営する主人公が組合の大金を失くしてしまい、困って橋から身を投げようとしたところ、天使が舞い降りてきて、自分がいなかった世界を見せられるというものだ。主人公がいない世界では、住宅金融組合はつぶれており、まちの仲間は自分

たちの家を建てられず、まちのほとんどの不動産を所有する顔役のアパートに住んで高い家賃を搾取され続ける。また、主人公が助けてきたそれ以外の人たちも皆が不幸になっている姿を見せられる。それを見た主人公が「生きたい」と思い直して家に戻ると、まちの住民らが主人公の窮状を知り、住宅金融組合を支えるために寄付に集まっていて、最後には様子を見に来た金融庁の役人も自らのポケットマネーを寄付する、という物語である。

　この映画を観ると、人生の幸せは大金を得るかどうかではなく、家族や仲間同士がお互いの幸せのために助け合っていくことそのものにある、ということが理解できる。協同組織金融機関職員であることにプライドを持っている人たちは、それこそが「相互扶助」の本質であると語っている。

　もし、地域が経済的に疲弊しているのであれば、その課題に対する協同組織金融機関の最初のアプローチは、「コミュニティの再生」である。組合員と協同組織金融機関が顧客とサービス提供者に分かれてしまっているとしたら、まずは同じ方向を向いた仲間である関係を構築し直さなければならない。第一勧業信用組合は、それを「祭りに出る」ことから始めた。本書の他の事例においても、金融機関が地域の活性化を目指す時、資金の出し手としての機能のみに頼らず、連携関係の再構築から始めているケースが多い。金融機関こそ、多数の取引先を持つそのネットワークを活用し、事業者や公的機関を含め、地域の主体をつなぎ、「コミュニティの再生」の中心となる存在なのである。

社会的インパクトを重視した
事業評価の拡大

リターンだけでなく社会的影響にフォーカスする
「インパクト投資」への注目

　2015 年 9 月の国連サミットで採択された「持続可能な開発のための 2030 アジェンダ」の中で、「持続可能な開発目標」(SDGs：Sustainable Development Goals) が制定された。地球上の「誰一人取り残さない (leave no one behind)」ことを誓い、発展途上国のみならず、先進国自身が取り組むべき普遍的な目標が、「飢餓をゼロに」「すべての人に健康と福祉を」「ジェンダー平等を実現しよう」など 17 項目設定されている。

　SDGs で念頭に置かれているこうした世界規模にわたるものも含め、様々な社会課題の解決にあたり注目を集めているのが、「インパクト投資」と呼ばれる取り組みである。これは、社会課題解決を目指す事業を展開する企業や組織、ファンドに対して投資を行うことにより、社会的成果と経済的リターンの両立を目指す投資行動を指す。投資判断が従来の「リスク／リターン」の 2 次元評価から、「リスク／リターン／インパクト」の 3 次元の評価になっていることが特徴で、「社会的インパクト投資」といわれることもある。インパクト投資では、事業によって生み出された社会的成果や便益について、指標を用いた測定がなされる。すなわち、社会的事業の効果を数値化・可視化することも、インパクト投資の大きな特徴の 1 つであるといえる。

　インパクト投資という言葉そのものは、ロックフェラー財団が投資家や起業家、慈善事業家を集めて開催した 2007 年の会議において初めて使われたとされている。インパクト投資の考え方が注目されてきた背景には、高い失業率や格差、貧困といった社会問題が表出する中で現代の資本主義に対して広まる危機意識があるとみられる。すなわち、本来、投資とはより良い未来を築くための手段であったはずが、リスクとリターンという 2 次元評価のもとで、効率的な運用によって短期間になるべく多くのリターンを回収することばかりが追求されてきた。その結果、短期的には成果の出ない事業が投

資対象としては軽視されたり、社会的な影響についての視点に乏しい投資行動に偏ったりと、公正な社会づくりのために資金を必要とする事業にお金がめぐりづらい状況が続いてきたのである。

とりわけ、例えばイギリスでは、サブプライムローンの不良債権化問題により 2008 年に発生したいわゆる「リーマンショック」を契機とする財政危機が 1 つの転機となった。貧困層支援などの社会福祉事業を、いかに効率的かつその社会的成果を失うことなく実施できるか。そうした問いが持ち上がり、民間セクターからインパクト投資への参入が加速するようになったのである。

その後、マイクロソフト元会長のビル・ゲイツ氏と妻メリンダ氏によって 2000 年に創設された世界最大の慈善基金団体「ゲイツ財団」などが積極的な取り組みを見せるなかで、金融機関においてもソーシャル・インパクト・ファンドの設立が相次ぎ、イギリスでは 2010 年、アメリカでは 2012 年にソーシャル・インパクト・ボンド（SIB、後述）が初めて組成されている。

こうした動きを経て、2013 年の先進国首脳会議において議長国であったイギリスのキャメロン首相（当時）の呼びかけにより、社会的インパクト投資の世界規模の拡大を目的とした「G8 社会的インパクト投資タスクフォース」が設立され、インパクト投資をグローバルに推進することとなる。同タスクフォースの報告書において、「社会的インパクト投資は『リスク』と『リターン』という 20 世紀の資本市場の原理に『インパクト』という新たな次元を加えることによって、より良い社会を実現するための新たな可能性を秘めている」とキャメロン首相は述べている。

インパクト投資のグローバルネットワークである GIIN（Global Impact Investing Network）によれば、2018 年度末でのインパクト投資残高は 2,390 億ドル、2018 年に新たに投資されたインパクト投資は 13,303 件で総額 331 億ドルにのぼっている。

日本におけるインパクト投資の普及は、環境・社会・企業統治に配慮している企業を重視・選別しようとする「ESG 投資」の拡大、少子高齢化による社会構造の変化とともに、自然災害による影響が大きいと思われる。1996 年の阪神淡路大震災を契機とする NPO 法の制定はその萌芽であるし、とりわけ 2011 年の東日本大震災後には、直接的な寄付や義援金が相当な規模でなされただけでなく、震災復興に取り組む多くの NPO や企業に向けた

低金利の融資や助成の仕組みが立ち上がった。

　緊急的な支援活動から発展して社会的インパクト投資の担い手として立ち位置を固めたものもある。例えば、社会的企業に対して中長期的支援を行う「ジャパン・ベンチャーフィランソロピーファンド」、途上国における社会的企業への投資を行う「ベネッセ・ソーシャル・インベストメント・ファシリティーズ」、アフリカにおける社会貢献型ベンチャー育成を目的とする「豊田通商アフリカファンド」などが代表的である。他にも、「NPO法人ソーシャルベンチャー・パートナーズ東京」などが推進する一口10万円の出資によるメンバーシップによるNPO支援ファンド、「ARUN合同会社」のように発展途上国向けの事業を通じて現地の貧困層を支援するBOPビジネス、環境・社会・企業統治に配慮している企業を重視・選別して行うESG投資など、具体的なアプローチは様々である。

　こうした流れを受けて国内におけるインパクト投資の市場は拡大を続けている。GSG国内諮問委員会の調べによれば、2018年度のインパクト投資残高（推計）は3,440億円で、2016年度（337億円）比で約10倍、2017年度（718億円）比で約5倍に相当する高い成長率となっている。

未活用財源としての休眠預金への期待

　こうしたインパクト投資の財源として注目されているものの1つに、「休眠預金」がある。休眠預金とは、金融機関に預け入れられた預金で、長期間取引がないままに放置され、預金者とも連絡が取れなくなっている資金を指す。政府による「成長ファイナンス推進会議」によると、正確な統計データはないものの毎年800〜1,200億円程度の休眠預金が発生していると予想されている。

　この休眠預金をインパクト投資に活かす動きは、例えば韓国やイギリスで進んでいる。韓国では休眠預金を財源とする基金が創設され、高齢者への無料看護事業、低所得者層の子どもへの教育事業、社会的起業へのサポート事業などが展開されている。イギリスにも同様の基金「ビッグ・ソサエティ・キャピタル」があり、教育、雇用、社会起業の3つの分野に投資されている。

　一方、日本でも休眠預金の活用に向けた議論や制度整備が進んでいる。2018年1月には「休眠預金等活用法」が施行され、休眠預金の定義が

「2009年1月1日以降の取引から10年以上、その後の取引がない預金」に統一された。対象となる金融商品は、普通預金、定期預金、定期積金などで、財形貯蓄や外貨預金などは対象外である。当面は、毎年約800億円程度生まれる休眠預金のうち、約30億円の資金を活用しながらスキームが練られることになっている。

　実際に休眠預金が投資に活かされるまでには、いくつかのプロセスを踏むことになる。まず金融機関が、最後の取引から9年が経過した口座の所有者に対して、10年6カ月が経過するまでの間に「ウェブサイトでの電子公告」や「郵送による通知状の発送」など定められた手続きで通知を行う。この通知に対して所定の期日までに所有者から申し出がなかった場合、休眠預金は預金保険機構に移管される。預金保険機構とは、万が一金融機関が破綻した場合に、預金者等の保護や資金決済の履行の確保を図ることを目的とした預金保険制度を運用する法人だ。なお、移管された後でも、口座の所有者が取引のあった金融機関に申し出ればいつでも払い戻しできることも定められており、過去の内閣府・金融庁の推計によると、これまでに毎年発生していた休眠預金のうち、約4割程度の金額が、申し出により払い戻されている。

　預金保険機構に移管された資金は、内閣府が指定する休眠預金活用の指定管理団体「日本民間公益活動連携機構」に交付される。その後、公募で選定された財団や基金など「資金分配団体」約30団体に分配され、各地の事業者への助成金として活用される流れだ。日本民間公益活動連携機構が実施した2019年度の公募においては、各地域で地域福祉や障害者支援、教育支援などを推進する団体らに対して支援する「草の根活動支援事業」、NPOのような社会的企業と民間企業らが連携し、革新的な手法で社会課題解決をはかる取り組みを支援する「新規企画支援事業」、ソーシャル・インパクト・ボンド（後述）などの革新的なビジネスモデルの企画を支援する「ソーシャルビジネス形成支援事業」、大規模災害時の緊急災害支援と復旧支援を支援する「災害支援事業」といったプログラムテーマが設けられ、全体で22団体、24事業、最長3年間の活動を対象とする助成総額は約29.8億円となった。

　今後、活用する休眠預金の規模の拡大とともに、助成するNPOなどの社会的企業らに循環する資金量の増加が期待できる。

「インパクト評価」による社会的価値の可視化

　一方、公益性の高い事業や活動が抱える大きな問題として、評価の曖昧さが挙げられる。すなわちそれらの事業や活動に対して、「人の役に立っている」「地域に良いことをしている」「お金では変えられない価値がある」という定性的な評価ばかりがなされやすいということである。公益性が高いといえど、出資や寄付といった金銭的な価値交換が発生している以上、その資金がどのような活動に用いられ、地域社会にどのような価値を生み出しているのか、明確に示す必要性が薄くなることはない。むしろ、継続的な資金提供や、新たな出資者の参画を募るうえでも、単なる志だけではなく、定量的な指標のもとで活動に対する評価や成果を可視化することへのニーズが高まっている。

　そこで注目されているのが、NPO を含めた社会的企業の社会的価値を金額に換算して測定・可視化する「社会的インパクト評価」と呼ばれる取り組みである。

SROI

　測定にはいくつかの方法があるが、「SROI」（Social Return on Investment）はその１つである。SROI の特徴は、測定されるソーシャルビジネスやその事業に投下された資源に対して、一定期間の利益および社会的な成果の比率を計算することにある。つまり、当該事業におけるインプットの貨幣価値換算額の合計（例えば人件費などの事業経費やボランティアの労働時間を価値換算した額）と、アウトカムの貨幣価値換算額の合計（例えば就労支援などの事業によって就労を実現した対象者が獲得した賃金や、医療福祉関連でいえば対象者の健康状態の改善による社会保障費や医療費の削減、税収の増加など）の比率として社会的収益率（SROI 率）を算出する。

　事業への投資価値を、金銭的価値だけでなくより広い考えのもと、社会・環境・経済面の費用と便益とをもとにその社会的価値を適切に評価するためにまず作成されるのが「インパクトマップ」と呼ばれる表である。この表に、インプット（事業に投入した費用）、アウトプット（製品・サービス等）、アウトカム（結果として生じた価値）を書き出し、個々のアウトカムについて、同様のアウトカムをもたらす他のサービス等との比較をもとに、貨幣換算を行うのである。

例えば、障害児のためのデイサービスの場合、アウトカムの1つとして「体力がついた」が挙げられる場合、それと同等の効果を得られると考えられる一般的な体育教室などに通う料金をもとに「寄与度」（体力向上には他にも要因があり得るため）を勘案しながら算定した数値が「社会的価値」となる。計算したこれらの金額を積み上げると、事業全体の社会的インパクト評価が算出できる。結果として、人件費などのインプットに対し、算出した社会的インパクト評価の合計が上回る場合、社会的価値の収支はプラスになっていると考えられる。

　留意しておきたいのは、インパクトマップの作成は、こうした厳密な数値化自体を目的にするものではないということだ。事業が生み出している価値の実体や効率的に成果を上げているポイント、あるいは逆に成果を生み出していないものを明確化させる作業である。

ロジックモデル

　インパクトマップを前提として、既存事業の整理や最終的に目指すべき変化や効果（アウトカム）の実現に向けた設計図の構想のために、「ロジックモデル」と呼ばれる事業フレームワークの構築も進んでいる。

　ロジックモデルは、事業の構造化のために段階的な目標（アウトカム）を掲げることが特徴である。すなわち、まず事業によって最終的に達成したい状況「最終的なアウトカム」を掲げ、次にその実現のための目標「中間アウトカム」を設定し、さらにその達成の手段として「初期アウトカム」を設定する、というプロセスをとる。

　例えば、学業支援系のNPOであれば、「貧困が世代間で連鎖しない社会にする」という最終アウトカム実現のために「子どもたちの学力や進学率、将来への意欲を向上させる」という中間アウトカムを掲げ、「学習意欲や学習習慣、自己肯定感の向上」という初期アウトカムを設定する、ということが考えられる。実際にはそのうえでさらに、初期アウトカムに向けて取り組むための具体的な事業（アウトプット）の内容の検討も行うことになる。先述の例なら、学習指導サービスの提供やそのための教員人材の獲得や研修、あるいは指導プログラムの作成などである（**図表1**）。

　このように、事業の全体像を構造的にブレイクダウンしながら考えること

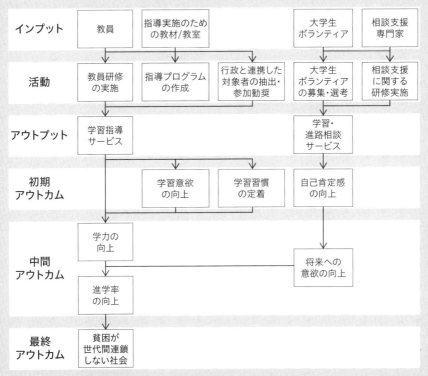

図表1　学習支援事業におけるロジックモデルの例
(出典：日本財団「ロジックモデル作成ガイド」より筆者作成)

で、目指すべきゴールに必要な事業のオプションや、組織としてすでに保有しているリソースの点検や割り当て、そして調達が必要な資源の算出に取り組めるのが、ロジックモデルの効用である。事業者にとっては、自分たちが公益性と社会的価値をどのように実現できているかをロジカルに把握することができ、足りない事業資源の調達や組織としてのブランディングやPRに関する経営判断につなげることが可能になる。

成果連動型の新しい官民連携事業モデル
「ソーシャル・インパクト・ボンド（SIB）」

　こうした社会的インパクト評価という考え方を、既存の社会的企業の活動の評価にとどまらず、新たな社会的投資の促進につなげる動きも起こりつつある。それが「ソーシャル・インパクト・ボンド（SIB：Social Impact

Bond）」と呼ばれる取り組みである。2010年にイギリスで実践されはじめた試みで、SIBは社会的インパクト評価に基づいて、民間資金を活用しながら社会課題の解決をねらう官民連携の仕組みである。

　例えば、行政サービスを民間事業者に委託（もしくは補助金を交付）するケースを考えてみよう。一般的には、受益者に対してサービスを提供する事業者らが、公募された案件に対して事業内容を提案し、採択された後は成果の有無にかかわらず、活動にかかる経費に基づいて対価が支払われるモデルとなっている。事業者が提供したサービスの成果について、独立した評価機関が評価・報告する場合があるものの、そうしたフィードバックは、あくまでも翌年以降に向けた改善案の検討や公募事業のチェックに留まるのが実情である。

　ところがSIBは、外部の資金提供者を巻き込んだ「成果連動支払い」のモデルを採用している点が特徴であり、これまでの委託事業と大きく異なる。すなわち、受託した民間事業者が金融機関や財団法人、個人投資家といった資金提供者から融資などの資金提供を行ったうえで事業に取り組み、委託時に予め合意した成果が達成された場合にのみ、行政から資金提供者に対して報酬が支払われるモデルである（**図表2**）。

　民間資金によって社会的コストを削減する事業を実施し、財政負担を軽減させるとともに、公共サービスに透明性や成果志向を取り入れることがねらいにある。事前に設定された目標が達成されない場合、行政から資金提供者への支払いは発生しないため、事業者はもちろん、リスクを負う資金提供者も一緒になって事業に取り組むことが期待できる。日本でSIBの研究開発や導入支援を行っているケイスリー株式会社の調査によると、SIBの手法を用いたプロジェクトは、2018年時点で欧米を中心に25カ国、108案件が始まっている。事業総額300億円以上という規模で展開されている。

　日本でSIBが導入されたのは、2015年4月から神奈川県横須賀市で実施されたパイロット事業が第1号だといわれている。これは日本財団の助成のもとで行われた特別養子縁組の推進支援事業で、4件の特別養子縁組の成立数を成果指標とされていた。パイロット事業を通じ、成果指標の策定の課題などが日本財団の報告書としてまとめられている。

　2016年には、滋賀県東近江市で、コミュニティビジネス支援事業の一環として、コミュニティビジネスをはじめようとする個人や事業者1件あた

■SIBの仕組み

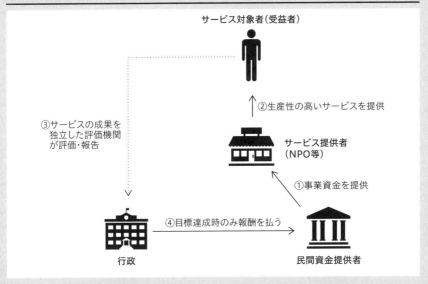

■その他の民間委託方式

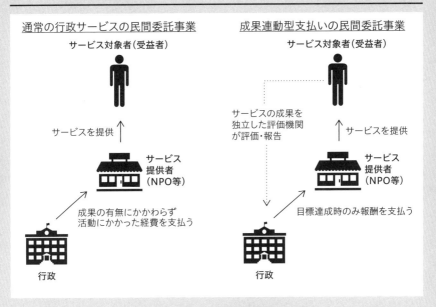

図表2　SIBの仕組みと通常の行政サービスにおける民間委託方式の違い
(出典：ケイスリー社の資料をもとに筆者作成)

り50万円を補助するスタートアップ型の事業がSIBモデルで始動した。採択された4事業に対し、個々にスタッフの雇用数や顧客数などの成果目標を設定し、達成された場合にのみ交付される成果連動型の補助金で、事業者は必要な資金を地元企業や金融機関、さらには住民からも調達する市民参加型の取り組みとなった。

　2017年3月には、東京都八王子市と兵庫県神戸市で、複数年かつ成果連動型の本格的なSIB関連予算が日本で初めて成立した。八王子市では大腸がん検診受診事業において、早期がん発見者数増加に向けた中間成果目標が設定され、2018年度には成果指標である大腸がん検診受診率の目標を達成し、初回の成果連動型支払いが実行された。神戸市では糖尿病性腎症重症化予防事業において、医療費抑制を念頭に中間成果目標が設定され、保健指導プログラム修了率や生活習慣改善率、腎機能低下抑制率の成果目標を達成し、初回の成果連動型支払いが実行されている。いずれも地方自治体における財政負担の軽減などのニーズを踏まえた上で、取り組まれた事例である。ヘルスケア領域は、SIB導入の検討に必要となる成果指標などのデータが他の領域と比較して整備されており、成果と目的の連動性が高いことから日本におけるSIB導入の先駆けになったとみられる。

　SIBにおいては、対象とする社会課題の見定め、成果を測るための目標の設定、事業者による施策の実行、専門機関による取り組みの評価、そしてそれらの事業を推進するための中間支援組織によるサポートのいずれもが重要な要素となる。国内においてはようやく実践がなされはじめたばかりの仕組みであるが、政府の成長戦略にも盛り込まれるなど、官民が連携しリスクをシェアしながら社会的課題の解決に取り組む方策として期待が高まっている。同時に、資金提供者が背負うリスクの大きさや成果目標に求めるべき精度のあり方など議論するべき点は多い。目先の指標に固執して課題解決の本質を見誤らないようにする工夫が求められるだろう。特に補助金や助成金への依存度が高く資金調達に苦心しがちなNPOやソーシャルビジネスの事業者にとって、透明性が高い成果連動型のSIBのような仕組みの拡大は、経営の自立性や持続性、あるいは事業の価値自体を本質的に問い直される機会の増加であるともいえる。地域金融機関をはじめとする民間の資金提供者とパートナーシップを結び、経営改善や人材の強化など自らのガバナンスを高めることが必要だ。

Scene **5**：持続的な観光基盤をつくる

WAKUWAKU やまのうち

創業リスクを負担し地域の面的活性化を担う
観光まちづくり会社の設立
── 八十二銀行

1 スノーリゾート低迷の中で見出した活路

　長野県の観光旅行客数は、バブル期をピークに減少を続けてきた。その背景には、全国的な傾向としての団体旅行から個人旅行への旅行形態の変化もあるが、長野県にとって特徴的なのはスキー客の減少である。バブルの頃に大勢来ていたスキー客は、ピークの3分の1近くに減少した。また、高速交通網の整備に伴い、長野県が関東・東海エリアから日帰り圏内になったこともあり、日帰り客がさほど減らなかったのに対し宿泊客は顕著に減少した。

　そもそも長野県は、都道府県の中で最も宿泊施設が多い[*1]。特に、民宿やペンションといった簡易宿泊所のウエイトが高い。また全国的な動きとは異なり、長野県では、1998年の長野オリンピックに向けて宿泊施設が増加した結果、それ以降、宿泊施設の過剰感が解消しなかった。長野県の宿泊施設の稼働率は30%台と、全国平均（60%程度）に比べて極めて低い状況にあった。

　長野県の観光活性化における希望の光は、インバウンド旅行者数の増加にあった。特に台湾やオーストラリアといった国からの観光客が顕著に増加していた。このため冬場において、国内スキー客の減少をこれらの国からの観光客で埋めていくことが、県内の観光産業の活性化の戦略の1つと考えられた。

　長野県のトップ地銀である八十二銀行は、県内の観光産業の状況に危機感を抱いていた。地銀として存続するうえでも、観光産業の活性化は不可欠で

ある。そこで目をつけた地域が山ノ内町であった。

　長野県の北東部に位置する山ノ内町は、人口約1.3万人。志賀高原・北志賀高原・湯田中渋温泉郷の3つのリゾート地域で構成されている。志賀高原・北志賀高原は、夏はトレッキング、冬はスキーが楽しめる。その2つの高原に東と北を挟まれるようにして、9つの温泉街（湯田中温泉、新湯田中温泉、渋温泉、安代温泉、地獄谷温泉、穂波温泉、星川温泉、角間温泉、上林温泉）が連なる湯田中渋温泉郷がある。開湯は1,300年前と言われ、小林一茶や林芙美子などの文人にも愛された。しかしながら、観光地延べ利用客数は、ピークである1990年の年間985万人から2014年には459万人と、ほぼ半減していた。

　だが山ノ内町には可能性もあった。雪に覆われた冬、地獄谷野猿公苑には温泉に入る日本猿たちがいて、「スノーモンキー」と呼ばれ、海外で有名になっていた。このスノーモンキーを見に、年間約8万人（2015年）の外国人観光客が訪れるようになった。課題はそのほとんどが日帰りで、山ノ内町全体での外国人宿泊客数が年間2.7万人にとどまっていることだった。

　八十二銀行は観光活性化のプロジェクトを立ち上げ、山ノ内町の地元の観光関連事業者に声をかけた。しかし、必ずしも地元が一体となって協力してくれたわけではなく、八十二銀行の始めた取り組みに好意的な人も冷ややかな人もいた。

　結局、八十二銀行と地域の経営者らの有志10名程度で取り組んでいくことになった。2013年に、観光まちづくり会社の設立準備の検討が始まると、八十二銀行は、プロジェクトの中心となった融資部に専任担当者となる中尾大介氏を置いた。

2 ｜ まちづくり会社とファンドの連携による活性化スキーム

　2014年4月、観光まちづくり会社として合同会社「WAKUWAKUやまのうち」が設立された。事業の目的は、長野駅を出る長野電鉄の終着駅であり、山ノ内観光の玄関口となる湯田中温泉の面的活性化だ。とりわけ、温泉街の中心でもある湯田中駅前から延びる「かえで通り」周辺の地域が対象となった。かつて多くの観光関連店舗が立ち並んでいたこの通りでは、観光客

の減少と担い手の不足によって、遊休化している店舗が目立っていた。ここにカフェ、レストラン、ゲストハウス、情報発信拠点等の外国人観光客の滞在環境を構築する必要があった。

　この取り組みをサポートしようと、2015年3月には八十二銀行が地域経済活性化支援機構（REVIC）と連携して、県内の全地域金融機関が出資する観光活性化ファンド「ALL 信州観光活性化ファンド」の組成を実現した。2015年8月にはWAKUWAKUやまのうちが株式会社に組織変更された後、当時REVICの地域活性化支援部シニアマネージャーであった岡嘉紀氏が社長に就任した。岡氏は、1977年に淡路島で生まれ、関西学院大学を卒業後、繊維メーカー勤務ののち、投資会社やコンサルティング会社において観光・流通・環境・災害復興支援など幅広い分野で事業プロデュース・事業戦略コンサルティングに携わってきた人物である。また、八十二銀行からWAKUWAKUやまのうちへは、中尾氏が監査役として就任した。

　こうした環境整備を経て、試行錯誤の末に至ったのが「まちづくり」「ひとづくり」「情報発信」を一体的に行う活性化スキームだ（図表1）。

　まず、ALL 信州観光活性化ファンドからの投融資により、「WAKUWAKU 地域不動産マネジメント」が地域の遊休不動産を取得・賃借してリノベーションを行う。リノベーションされた不動産は、WAKUWAKUやまのうちや他地域から参入してくる事業者等に賃貸され、店舗の営業など実際

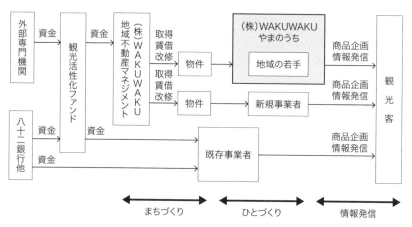

図表1　WAKUWAKU やまのうちなどによる取り組みの全体像
（出典：WAKUWAKU やまのうちの資料から筆者作成）

の運営が行われる。所有と運営の分離によるまちづくりがねらいだ。

　最大の特徴は、起業意欲を持つ若手人材がWAKUWAKUやまのうちの役員や社員として採用され、自立するまでの初期段階は社内事業として各店舗の運営に取り組みながら経験を積み、事業が軌道に乗ったら独立も選択できるところにある。社内事業とはいえ、事業運営の中心にいるのは若手人材であり、その意向を尊重しつつ、事業を創っていく点がポイントとなっている。WAKUWAKUやまのうちの「ひとづくり」、すなわち「経営者人材の育成」のユニークな点がここにある。

　「地域で事業をやりたいという若者は、地域に対する愛着や意欲を持っていますが、まだ自立していませんし資金も借りられません。手持ちの資金で始めたものの、経営の知識がなくすぐに失敗するケースもあります。それでは地域の活性化の原動力たりえないし、もったいない。当社は、経営者人材を育成し、地域の事業者として自立させるため、起業家としての見込みがある若手を社員にして給与を支払いながら、起業の初期段階を社内事業としてやらせます。実際には、彼らが本質的にやりたいことを尊重し、店舗の企画・設計や運営を任せます。具体的なKPI（Key Performance Indicator：重要業績評価指標）を設定して、マーケティングや間接業務など、様々な支

写真1　2015年12月から2016年3月にかけて行われたYAMANOUCHI LANTERN（ヤマノウチランタン）では、この季節の雪景色に映えるようにランタンが掲げられると同時に、旅館等の部屋を使って幻想的なインスタレーション（場所や空間全体を作品としたアート）を展示した
（提供：WAKUWAKUやまのうち）

援を行って事業の安定化を図り、いずれ成長段階に入ったら当社から独立することを歓迎する。これが当社の"ひとづくり"です」(岡氏)。

またWAKUWAKUやまのうちは、地域の既存事業者らを含めた「WAKUWAKUやまのうちまちづくり協議会」(メンバーは、後述する「まちづくり委員会」とほぼ同じ)と連携することで、地域ぐるみの商品企画や情報発信を行い、認知を高めてきた。

東京・馬喰町の人気ホステル「IRORI」を拠点とし、12月〜1月のピークシーズンに誘客キャンペーンを行ったほか、長野への来訪が多いオーストラリアや台湾で、ユーチューブなどを活用したウェブマーケティングを行っている。また、湯田中温泉の魅力を知ってもらうための取り組みも行ってきた(**写真1**)。

3 | 起業家人材との出会いとネットワークの拡大

とはいえ彼らもプロジェクトの開始当初は、湯田中温泉で実際に事業を担ってくれる起業家人材をなかなか見つけられないという問題に直面していた。WAKUWAKUやまのうち設立前より、地域の有志が10名程度集まって観光まちづくりについて話し合っていた「まちづくり委員会」のメンバーは、皆本業を抱えており、新事業を担う余裕のある者がいなかった(**写真2**)。

その時に現れたのが、西澤良樹氏であった。西澤氏は海外のホステルで3年ほど働き、12カ国21都市のホステルを泊まり歩いた経験があった。西澤氏は帰国後、実家でホテル業を手伝ってはいたものの、将来は自分の経験を活かしてホステルを経営したいという夢を持ち続けていた。西澤氏の父親は志賀高原でホテルを経営しており、西澤氏はその次男だった。父親は、次男が夢を実現する手助けになればと、西澤氏を連れて八十二銀行の山ノ内支店へ相談に行った。それは、ちょうど山ノ内支店でまちづくり委員会が開催されていた日だった。

西澤氏は、そこで八十二銀行の観光活性化プロジェクトの担当者である中尾氏と出会った。西澤氏は自分が開きたいB & B (Bed and Breakfast) の説明をした。B & Bとは、主に英語圏においてみられる宿泊と朝食を比較的低料金で提供する家族経営による小規模な宿泊施設である。ホステルとは

違って、共同部屋ではない。日本の民宿に近いが夕食は提供しない。一般の民家の空き部屋を改造して提供することが多く、家庭的な雰囲気を味わえることから、個人旅行者に人気の施設形態である。

　中尾氏は、西澤氏の本気度や海外経験に裏打ちされたコンセプトに説得力を感じた。WAKUWAKU やまのうちにおける最初の担い手（若手起業家人材）が見つかった瞬間である。この西澤氏が、WAKUWAKU やまのうちにおける若手人材のネットワークが広がる起点となった。中尾氏は西澤氏から地域の若手人材を紹介してもらい、一人ひとりに会いに行った。まちづくり委員会に若手人材も加わり、具体的なアイデアが出るようになった。

4 ステークホルダーの意見を取り入れた遊休不動産のリノベーション

　西澤氏は当初、WAKUWAKU やまのうちの取締役宿泊事業部長として、宿泊施設〈AIBIYA〉の運営を行った。また、西澤氏の若手人材のネットワークを通じて参画することになった君島登茂樹氏は、取締役飲食事業部長としてレストランである〈HAKKO〉の運営を担った。君島氏は元々、長野市内でレストランを経営していた人材だ。「地域の若手人材が頑張っていると、SNS などを通じて自然とそういう若者が集まってきます。我々は彼らのネットワークも含めて、地域に埋もれている人材を常に探しています」と岡氏は言う。

　WAKUWAKU 地域不動産マネジメントが当初に取得・改修した上で保有・管理している物件は、WAKUWAKU やまのうち直営の3店舗（レ

写真 3　WAKUWAKU 地域不動産マネジメントが展開する 5 店舗 （提供：WAKUWAKU やまのうち）

ストラン〈HAKKO〉、カフェ〈CHAMISE〉、宿泊施設〈AIBIYA〉）と
WAKUWAKU やまのうち以外の事業者への賃貸となる 2 店舗（いずれも宿
泊施設の〈ZEN〉と〈加命の湯〉）の計 5 店舗である（**写真 3**）。改修にあ
たっては、運営する若手事業者のコンセプトやデザインが尊重されたほか、
準備段階では、毎月の「まちづくり委員会」で地域の事業者や専門家の意見
も募られたという。ここでは、物件のうちの一部をご紹介しよう。

土着の食文化を伝える空間——ビアバー＆レストラン〈HAKKO〉

　2016 年の 4 月に最初に立ち上がったのは、君島氏が運営するビアバー＆
レストランの〈HAKKO〉だった。店舗は、かえで通りに明治時代からある
旧精肉青果店を改築した。湯田中温泉の歴史や文化を踏まえて、地域の他の
事業者とも協議したうえで、地元長野の建築家がリノベーションした（**写真
4・5**）。内観は、解体の際に発見された当時の新聞や備品などから連想し、
大正ロマンをテーマに施工した。外観はほぼ元の形状のまま、湯田中らしい
色合いに塗り替えた。
　〈HAKKO〉は、「信州発酵文化を世界に」とのコンセプトのもとに、発酵
食品と地域の食材を中心に使うことにした。長野県の代表的な食文化に、信

写真 4・5　明治の建物をリノベーショ
ンした HAKKO の内観・外観
（提供：WAKUWAKU やまのうち）

州味噌をはじめとする伝統の発酵技術がある。また、山ノ内町および周辺地
域には、リンゴやブドウなどの果物、野菜、リンゴで育った信州牛、蕎麦な
ど豊富で良質な農畜産品を有している。〈HAKKO〉は、これらの地域食材
のブランディングを行いながら、味噌・酒・麹といった 8 つの発酵食品を
活かした山ノ内町ならではのメニュー（山ノ内産椎茸の生ハム・しょうゆ豆
乗せ、信州ハーブ鶏の塩麹仕立て、味噌シーザーサラダ等）を、地元のクラ
フトビールやお酒などと共に提供している。

周遊拠点兼情報発信基地──カフェ＆スペース〈CHAMISE〉

　2016 年 5 月には、WAKUWAKU やまのうちの直営店第 2 号となるカフェ
＆スペース〈CHAMISE〉がオープンした（**写真 6・7**）。〈CHAMISE〉の店
舗は、洋服店だった空き家をリノベーションしたものだ。

　湯田中渋温泉郷は、俳人・小林一茶が旅の疲れを癒した土地でもある。
〈CHAMISE〉という店名には、訪日外国人も含む多くの人々が旅の疲れを
癒すと共に、次の旅路を計画できるような「茶店」をつくりたいという思い
を込めた。〈CHAMISE〉は、英語対応もできる案内所の機能も兼ねており、
湯田中の周遊の起点になる情報発信基地との位置づけにもなっている。プロ
ジェクターにより、山ノ内町の観光映像などを流している。

長期滞在向け宿泊施設——ホステル〈ZEN〉〈AIBIYA〉

　2016 年の 9 月と 10 月に、外国人観光客なども長期滞在可能な宿として
〈ZEN〉と〈AIBIYA〉（写真 8）が相次いでオープンした。

　〈ZEN〉は、WAKUWAKU やまのうちの直営ではなく、WAKUWAKU 地
域不動産マネジメントが取得・改修した建物を外部の事業者（起業家）に賃

写真8 〈AIBIYA〉の内観
（提供：WAKUWAKUやまのうち）

貸したものである。不動産の所有と運営を分離したスキームには、連鎖倒産を回避するだけでなく、直営以外の事業者を新規に参入しやすくする狙いがあった。こうした他の事業者への賃貸による開業は、後に、旅館である〈加命の湯〉でも行われている。

〈AIBIYA〉は、西澤氏が運営する念願の宿でもあった。西澤氏の夫人も旅好きだったことから、夫婦として世界で集めてきたアイデアを形にしたという。旅人それぞれのニーズに応じた滞在環境を提供するため、ゆったりとした3つの共有スペースをつくった。各部屋には、日本旅館の趣を残しながらも、シングルベッドが設置されている。

各部屋の暖簾やランプ、革小物などの内装備品は、10名ほどの北信州のアーティストが制作したものを使用している。併設する雑貨屋では、それらのハンドクラフトの雑貨が購入できる。アーティストのほとんどが実店舗を持っていないため、ここでしか出会えない手づくりの一点物である。パンやヨーグルトなどの朝軽食は無料で、滞在者がキッチン設備を使って調理できるように工夫した。シャワールーム（男女別）を備えているが、湯田中には温泉がある。提携旅館の温泉にも行けるし、湯田中駅前には足湯とともに町営温泉（楓の湯）もある。

〈AIBIYA〉も〈ZEN〉も〈加命の湯〉も夕飯は提供しない。湯田中の飲食施設を活用してもらうためである。この食泊分離の戦略がヒットした。かつての湯田中は、食事も温泉も宿で完結する旅館が中心だったため「町を楽

しむ」ことができなかった。旅行客に、カフェ、ダイニング、ホステル、温泉をそれぞれ選んでもらって、町ぐるみで楽しめるようにすることで、町の賑わいにつなげることを意図している。

　「我々がつくった周遊マップを見るとわかりますが、既存事業者の店舗がいくつかあるところへ我々の店ができ、駅から〈CHAMISE〉を起点にして街全体を周遊できるようになっています」と岡氏は話す。

5 ｜ 若者を中心とした滞在型観光の基盤づくり

　WAKUAKU やまのうちでは、八十二銀行の ALL 信州観光活性化ファンドの担当者や同行の山ノ内支店長などもオブザーバーとして出席する経営会議が隔週で開かれている。それぞれの施設毎に事業収支、客数・単価などの KPI の進捗を確認することで、現場の運営を担う西澤氏や君島氏たちに、仕掛けた打ち手と収支の関係性などを体感してもらう場になっている。とはいえ、社長である岡氏や八十二銀行のメンバーが若手の運営者に指示をしているわけではない。「自立志向のある人には主張があり、アドバイスを鵜呑みにすることはありません。将来経営者になる人材は、そうあるべきです。彼らにはもともと、自分たちで何とかしようという気概があるので、考え方や手法を提示するだけで自分の失敗を踏まえてぐっと成長します」と岡氏は話す。

　WAKUWAKU やまのうちは、世代の枠を超えた地域の協力により、若者を中心とした滞在型観光の基盤を創り出した。岡氏は「地元の若者の一番の強みは、地域から応援されることです。若者は地域に温かく見守られ、育ててもらえます。彼らが成長した暁には、地域を先導していってくれると思います」と話す。人こそがこのプロジェクトの肝になることは、関係者の共通認識となっていた。

　中尾氏は、肩書きこそ監査役という立場だが、地元住民や事業者との間で何か交渉事やトラブルがあれば、その調整を担うなど、WAKUWAKU やまのうちの経営全般を支援している。中尾氏は、地域の事業再生を長年担当してきたほか、地元の交通・観光会社への出向経験もある。地域のプロジェクトでは、取引関係のない人とのコミュニケーションが重要であり、経済合

理性だけでは解決できない感情と向き合う場面も少なくない。地域における人間関係を俯瞰し、空気を読みながら、時には空気を読まないふりをして、その都度判断を下しながら前進することが求められる。中尾氏は「現場感に触れる出向という行内では得がたい経験があったからこそ、プロジェクトにおける地域特有の課題にも忍耐強く対応できた」と語っている。

　西澤氏が運営する〈AIBIYA〉は現在、年間を通して8割が外国人客となっているという。冬季の平均宿泊日数は1週間になり、外国人観光客を宿泊客として呼び込む戦略に結果が出てきている。西澤氏は2019年3月、自ら会社を立ち上げ、リファイナンスによりWAKUWAKUやまのうちより卒業、独立を果たしている。

　2019年5月、WAKUWAKUやまのうちは、国土交通省「第8回まちづくり法人国土交通大臣表彰」において「審査委員長賞」に選ばれた。八十二銀行は、今回のプロジェクトに取り組んだ経験を踏まえ、今後、さらに県内の他の観光地への支援につなげるべく動いている。

　WAKUWAKUやまのうちの取り組みから分かることは、「地域活性化プロジェクトにおいて最も重要なのは、主体性を持った人材である」ということだ。観光資源に恵まれていても、観光関連事業を育てていくのは人でしかない。夢を持った人材がいなければ始まらない。そして同時に、夢を持った人材だけでうまく事が運ぶわけではなく、様々なサポートも必要なことが分かる。地域にネットワーク力を持つ地域金融機関こそが、こうしたサポート機関としてうってつけだ。山ノ内町におけるプロジェクトの事例は、「夢を持った起業家人材」と「資金繰りにとどまらない様々なサポートを行える地域金融機関」との組み合わせが、地域活性化のモデルになることを示している。

＊1　「長野県の観光の現況について」（長野県観光部、令和元年8月）によると、長野県の宿泊施設数は、2017年度において6,259軒と、第2位の北海道（4,874軒）に大差をつけて第1位となっている。

オーバーツーリズム

　日本を訪れる外国人の数は年々増加し、2019年の年間訪日外国人数は、前年比2.2％増の3,188万人程度と発表されました。政府が発表した観光ビジョンにおいては、2020年の訪日観光客を4,000万人、2030年には6,000万人を目標とし、経済効果を2020年で8兆円、2030年で15兆円まで拡大することが目標とされています。

　一方、著名な観光地の一部では、急増する観光客に対応しきれず、地域住民の生活空間や景観、自然環境を健全に確保しながら来訪者を受け入れるための体制が十分に整っていない地域もみられます。観光熱の高まりが、域内における公共交通機関の混雑や道路の渋滞、ゴミや騒音の増加といったトラブルを招き、住民の暮らしへの悪影響だけでなく、観光客自身の満足度の低下にまでつながることを「オーバーツーリズム」と呼びます。例えば、クルーズ船の寄港先として人気なヴェネツィアでは、多くの乗船客を乗せたクルーズ船の乗客が一度に大量に下船するため、市内のトイレが不足したり、下水道がパンク状態になってしまったりしているそうです。こうした下水道などのインフラ整備やトイレの増設や清掃などのコストは地元住民の税金で賄われており、住民からも時に苦情などの問題として指摘されています。

　オーバーツーリズム現象に直面する海外の観光地では、対策の1つとして観光客の総数をコントロールする施策をとる例がみられます。例えばフィリピンのボラカイ島では、2018年4月に一時的に島全体を閉鎖する措置がとられました。またスペインのマヨルカ島では、観光目的の来島者の数を抑制するために、2018年7月から民泊が禁止されています。

　この現象は地域で事業を営む人々にとっても深刻で、例えば客がいわゆる「一見」の旅行者ばかりになれば、周辺の住民や常連客に日常的に足を運んでもらうことが難しくなり、長期的に考えた収益の持続性が低下してしまうことも考えられます。こうした懸念から、観光客向けの情報誌やウェブサイトへの掲載を控える事業者もみられます。

　こうした状況を踏まえ、オーバーツーリズムへの対応を念頭に置いた観光政策のあり方を示すために、観光庁は2018年6月に「増加する観光客のニーズと観光地の地域住民の生活環境の調和を図り、両者の共存・共生に関する対応策のあり方を総合的に検討・推進する」ことを目的とした「持続可能な観光推進本部」を設置しました。エアー・ビー・アンド・ビーに代表される民泊関連事業者においても、自治体と連携して地域との軋轢を生まない観光の形を模索する動きが生まれつつあります。

　そのまちの暮らしと折り合いのついた観光を、地域振興策やビジネスとしてどう継続的に成り立たせ、促進してゆくか。行政機関・観光関連事業者・地域住民がそれぞれの立場から参加する議論が今後も俟たれます。

観光の形を変える インフラ・プラットフォーム

増加する簡易宿所「ゲストハウス」

インバウンドの急増とともに各地で開設が進んだ宿泊施設の筆頭に「ゲストハウス」が挙げられる。旅館業法上の営業区分は「簡易宿所」にあたり、ホテルや旅館に比べてアメニティなどの設備やサービスが最低限に抑えられている分、安価に宿泊できることから、特にバックパッカーの多い外国人観光客に選ばれやすくなっている。ホストや宿泊者間での交流が生まれやすいことも、彼らに支持される理由の1つである。

最近ではゲストハウスを開設する事業者側にも、単に寝泊まりする場所以上の価値をゲストに提供して地域への愛着を喚起しようとしたり、ゲストだけではなく地域全体に必要とされる施設を目指したりする意識の高まりがみられるようになっている。例えば、周辺に暮らす住民も立ち寄れるカフェやコミュニティスペースを一体化した空間にしたり、古民家など地域の歴史を物語る建物のリノベーションに取り組んだりするのはその典型的な例である。

一方で、開業したゲストハウスが早々に経営難に陥る例も多く、乱立する同業者との差別化はもちろんのこと、初期費用やランニングコストの見通しをあらかじめ十分に練っておかなければならないことは言うまでもない。賃料や従業員の給料、消耗品代や電気、ガス、水道、ネットなどのインフラ環境などの固定費を踏まえた賃料設定や収益の見込みを踏まえた事業計画を練っていく必要がある。

ゲストハウスの収益を見通す指標は様々だが、稼働率はその1つだ。地域特性に応じて繁忙期、閑散期が発生し、1年間を通じた変動の中で安定した収益を確保する必要がある。ゲストハウスの宿泊料の単価は総じて安価な例が多い中、観光客向けかビジネスユースか、若者中心か外国人向けにするかなど、ターゲットによって客単価も変わってくる。収容人数を少なくする代わりにホスピタリティを強化し付加価値を高めて客単価を上げる対応もあ

るが、一方で宿泊料だけに収益を頼っては心もとない。そこで個別の戦略として、地域の事業者と連携して地元の名産品を販売したり、イベントスペースやバーなどの空間機能を追加したりするなどの収益源を広げる例がみられる。設備投資においては、無料で使えるレジサービスや、タブレット・スマートフォンでのクレジットカード決済を可能にするアプリの導入など、小規模事業者向けのサービスやツールの活用も欠かせなくなりつつある。

新市場としての「民泊」を取り巻く期待

　国内外の観光熱の増加とともに拡大してきた宿泊客の受け皿としてもう1つ挙げられるのが、個人所有の住宅（あるいはその一部）を旅行者に貸し出す「民泊」（法律用語で住宅宿泊事業）である。海外では「バケーションレンタル」や「ホームシェアリング」などと呼ばれることもあり、世界最大のマッチングサービス「エアー・ビー・アンド・ビー」の普及も相まって、日本でも2010年代前半から利用者が急増している。

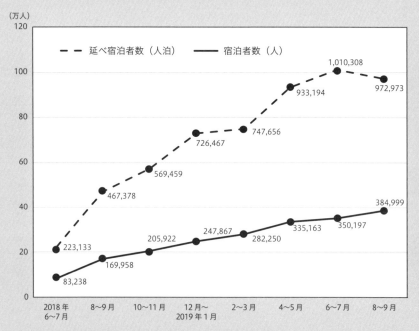

図表1　住宅宿泊業における宿泊実績の推移（出典：観光庁推計）

2019 年 12 月に観光庁が発表した資料によると、民泊の 2019 年 8 〜 9 月の宿泊実績として、全国の宿泊者数は 38 万 4,999 人と右肩上がりで、宿泊者数の内訳は日本人が 15 万 5,312 人（構成比 40.3％）、外国人が 22 万 9,687 人（同 59.7％）だという。

　また、観光庁の資料によると、2019 年（令和元年）9 月 30 日時点での住宅宿泊仲介業者等が取り扱う民泊物件数は、延べ 96,648 件となっている。2018 年 6 月 15 日の住宅宿泊事業法の施行（後述）時点での 24,938 件、2018 年 9 月末時点での 41,604 件と比べると、物件数は 1 年余りで急増している。

　近年では民泊を新たな市場として捉える向きも強く、不動産会社や IT 企業の参入が相次ぎ、投資家からの注目も大きい。例えば、城郭でのユニークな宿泊体験を売りにした「城泊」や、伝統的な建築を宿泊空間として提供することで地域の歴史や文化をアピールする「伝泊」といったコンセプトでサービス化する動きもみられる。観光へのニーズが多様化してきているなか、地域固有の体験は付加価値として大きな可能性を持っている。

民泊をめぐる法整備と課題

　観光立国を掲げる政府としても、訪日外国人観光客向けの宿泊施設不足の解消や空き家の活用、不動産投資の促進など様々な理由から民泊にかける期待は大きく、健全な市場拡大に向けた法規制の整備を進めている。

　その 1 つが、ホテルや旅館などの宿泊施設を従来規制対象としてきた「旅館業法」の改正である。

　従来の旅館業法によれば「宿泊料を受けて人を宿泊させる営業」は旅館業に当たるとされ、所有物件に有償で他人を宿泊させる民泊も本来は旅館業法の規制対象となり、所定の許可なしには営業が認められなかった。しかし旅館業は住宅専用地域での営業が認められず、また許可の条件としてフロントの設置やトイレの数など様々な制約があったため、許可を得ないまま運営される違法な民泊が多発したのである。

　そこで事業者に対して合法的な運営を促すべく、2017 年に「住宅宿泊事業法」（通称「民泊新法」）が成立し、翌年に旅館業法の改正が行われた。民泊新法では、住宅専用地域にも開業が可能となり、一定の条件を満たす限り

年間180日以内の営業であれば保健所への届出のみで営業が認められることとなった（180日以上営業する場合は旅館業法に基づく許可が必要）。フロントの設置が原則不要となったほか、トイレの数の条件撤廃など設備面の制約緩和も盛り込まれている。また、違法な民泊への取り締まりとして、都道府県知事などに無許可営業者に対する報告聴取や立入検査が可能な権限規定を措置したり、違反に対し課される罰金の上限を大幅に引き上げたりするなどの施策も併せてとられている。

　一方、各自治体が地域の状況を考慮しながら弾力的に運用できる方針となっていることから、市区町村レベルでは民泊に対して慎重な姿勢をとるケースもみられる。例えばフロント設置を条例で義務化するなどして規制を強める自治体も数多くある。不特定多数の宿泊者が地域に出入りすることにより、騒音やゴミの不法投棄などのトラブルが増加し、住民の居住環境が脅かされることへの懸念が背景にあるとみられ、観光客誘致とのバランスが課題となっている。

地域密着型観光を促進する「地域限定旅行業」の可能性

　ここまでいわゆる宿泊業に焦点を当てて述べてきたが、もちろん旅行業全体としても注目すべき変化が起こっている。

　旅行会社や旅行代理店と呼ばれる旅行事業者は、「旅行業法」に基づいた「旅行業登録」を済ませたうえで事業を行っている。逆に言えば、旅行者に対して運送や宿泊予約のサービスを提供し、それに対して報酬を受け取る事業に取り組もうとする場合、必ず旅行業登録が必要になる。

　この旅行業登録にはいくつかの種類があり、それぞれ取り扱うことのできる業務範囲が定められている。例えば「第一種旅行業」に登録すれば、国内・海外を問わず旅行商品の企画販売が可能である。一方、「第二種旅行業」は旅行範囲が国内に限定され、「第三種旅行業」ではさらに事業者の所在地を中心としたエリアのみに絞られる。近年注目されているのが、特定の地域にフォーカスした旅行商品の企画販売が可能な「地域限定旅行業」で、地域密着型観光としてまち歩きやバスツアーを企画し、地域固有の資源を活用しながら風土や文化をより深く体験する旅行を推進する動きも出てきている。

OTA の拡大から問われる宿泊施設の D2C 戦略

　ある地域への旅行を計画する際、「楽天トラベル」や「じゃらん」「エクスペディア」「ブッキング・ドットコム」など、旅行手配に特化した検索サイトを利用することが一般的になった。これらのウェブサイトでは、宿泊施設だけでなく、鉄道の乗車券や航空券などについて、予算など希望条件に基づいて複数の選択肢を比較検討し、最終的には予約確定や決済まで完了させることが可能になっていることがほとんどだ。このように、ウェブサイトを通して旅行手配サービスを展開するオンライン上の旅行会社は「OTA (Online Travel Agency)」と呼ばれる。店舗の維持費がかからず、人件費も抑えられることから、旅行業としての登録を受けた IT 企業の参入が相次いでいる分野である。最近では、これまで店舗での旅行商品の販売を重視してきた JTB や H. I. S といった旅行業者もインターネット販売に移行しつつありる。

　一方で宿泊施設にとっては、OTA に情報が掲載されることによって幅広い顧客の獲得が容易となることと引き換えに、1 件の成約あたり 10%（各社によって条件は異なる）前後の手数料を支払う必要があり、収益とのバランスをどう考えるかがポイントとなる。このため、OTA への掲載をあえて止め、その分の予算を独自の PR 戦略に投下し、より直接的なファンづくりに取り組んだりブランド構築を図ったりしようとする施設も少なくない。いわゆる D2C (Direct to Customers) と呼ばれる、顧客と直接的な接点をつくり、ブランディングやマーケティングを強化するアプローチの 1 つは、宿泊事業者の間でも注目されつつあるといえる。

せとうち DMO

競合関係を超えた産官金協働による
広域連携 DMO の設立と展開
── 瀬戸内 7 県の地域金融機関

---

1 │ 観光地経営で期待される DMO の役割

　瀬戸内海は世界有数の多島海であり、1860 年に瀬戸内を訪れた著名なドイツ人地理学者リヒトホーフェンが、「広い区域に亙る優美な景色で、これ以上のものは世界の何処にもないであろう。 将来この地方は、世界で最も魅力のある場所の一つとして高い評価を勝ち得、沢山の人を引き寄せることであろう。《中略》かくも長い間保たれて来たこの状態が今後も長く続かん事を私は祈る」と自著である『支那旅行日記』で賞賛している。

　瀬戸内ブランドコーポレーションの藤田明久氏は、瀬戸内の魅力についてこう語る。

「瀬戸内海にある淡路島はいざなぎのみこと・いざなみのみことが日本列島で、最初に創造した島と言われています。瀬戸内海では源平の合戦も行われました。不幸な歴史ではありますが、広島に原爆も投下されています。それらの多くの歴史の痕跡が、博物館には入らずそこかしこにあり、目にして、手に触れることができる地域なのです」

　せとうち DMO は、この瀬戸内海を囲む 7 県（兵庫県、岡山県、広島県、山口県、徳島県、香川県、愛媛県）が連携した広域連携 DMO である。DMO（Destination Marketing/Management Organization）とは、観光地（Destination）の活性化のために、地域全体を一体的にマネジメントしていく組織のことだ（Keyword 8 参照）。観光庁では、日本版 DMO を「地域の『稼ぐ力』を引き出すとともに地域への誇りと愛着を醸成する『観光

地経営』の視点に立った観光地域づくりの舵取り役として、多様な関係者と協働しながら、明確なコンセプトに基づいた観光地域づくりを実現するための戦略を策定するとともに、戦略を着実に実施するための調整機能を備えた法人」としている。政府においては、「まち・ひと・しごと創生総合戦略2014」の中で、効率的な事業を継続的に推進する主体としてのDMOの必要性に言及して以来、毎年の「まち・ひと・しごと創生基本方針」でDMOの形成促進を謳っている。

　観光地の発展は、観光名所のみでなく、宿泊、交通、飲食、アクティビティサービス、名産品開発・販売、地域住民の協力といった様々な要因が関係している。従来は、自治体の観光振興部署や観光協会がそれぞれの関係者への協力の要請と調整を担う主体として認識されていた。自治体は、域内住民の福利を第一に考えるとともに、配分の公平性を意識せざるを得ない。観光協会は、事業者側の目線から構成員の誰もが反対しない施策のみを選択しがちになっていた。しかし、真に戦略を持って観光地経営を目指すのであれば、旅行者側の目線に立ち、開発にメリハリをつけ、リスクを取ってリーダーシップを発揮していく運営が必要となる。DMOには、従来の自治体や観光協会を超えた観光地戦略、観光地経営への期待が含まれているのだ。

　観光庁に登録されているDMOについてみると（2020年3月31日時点）、①市町村単位で設置されている「地域DMO」が約73件（自治体単位での観光協会の登録も多い）、②複数の市町村が連携するか県単位で設置されている地域連携DMOが79件、③複数の都道府県にまたがる地域を連携する広域連携DMOが10件の合計162件となっている。広域連携DMOの10件のうちの1件がせとうちDMOということになる。

2 ｜ 産官金の多様な主体が参画する組織構成

　せとうちDMOは、「一般社団法人せとうち観光推進機構」と「株式会社瀬戸内ブランドコーポレーション」および「株式会社せとうちDMOメンバーズ」で構成されている（**図表1**）。

　せとうち観光推進機構は、7つの県（兵庫県、岡山県、広島県、山口県、徳島県、香川県、愛媛県）およびJR西日本などの鉄道会社、JTBなどの

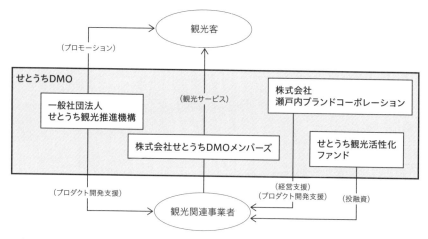

図表 1　せとうち DMO の構成（出典：せとうち DMO ホームページから筆者作成）

旅行会社といった事業会社（観光客を地域に呼び込む役割を担える全国的企業）が参加する形で設立された。せとうち DMO の中では、主に観光需要創出面での役割が期待されており、瀬戸内観光のマーケティング・プロモーションを担う主体となっている。行政が中心となっていることから、観光事業開発において、行政との調整、制度的対応の必要が生じた場合の支援も期待されている。事務局トップである専務理事には、東京ディズニーリゾート（株式会社オリエンタルランド）マーケティング部、オーストラリア政府観光局、ウォルト・ディズニー・ジャパン株式会社、イギリス政府観光庁、ドバイ政府観光・商務局などで観光開発の経験を持つ金平京子氏が就任している。

　瀬戸内ブランドコーポレーションは、日本政策投資銀行、地方銀行（広島銀行、中国銀行、山口銀行、伊予銀行、百十四銀行、阿波銀行、みなと銀行、もみじ銀行、トマト銀行、愛媛銀行、香川銀行、徳島銀行の 12 行）、信用金庫 6 庫、事業法人（観光プロダクトを提供する地元企業など）での連携によって設立された。せとうち DMO の中では、主に供給サイドとなる地元での観光事業の開発・整備面での役割が期待されている。98 億円の「せとうち観光活性化ファンド」を活用し、自主事業のほか、観光関連事業者への事業開発支援や資金支援を行う主体となっている。金融面からの事業支援に関しては、せとうち観光活性化ファンドによるエクイティでの出資が可能となっている。現在の社長は、飲食店情報サイトぐるなび出身の藤田明

久氏である。

　せとうち観光推進機構と瀬戸内ブランドコーポレーションは、別会社として設立されたが、オフィスは同じ建物の同じフロアにあり、せとうち観光推進機構の専務理事が瀬戸内ブランドコーポレーションの取締役、瀬戸内ブランドコーポレーション社長がせとうち観光推進機構の理事をそれぞれ兼務することなどにより、緊密な連携を図っている。

　せとうちDMOメンバーズは、主として瀬戸内地域の観光関連事業者を対象にした支援のためのメンバーシップ事業を展開している。参加事業者に対し、著名人による講演会、ビジネス交流会を提供する「瀬戸内ミーティング」や観光関連セミナーである「瀬戸内アカデミー」のほか、外国語電話通訳サービス、訪日外国人向けモバイル決済導入支援、旅行商品の販路拡大支援、越境EC（海外向けのEコマースサイト）での商品販売支援を行っている。また、瀬戸内7県の信用保証協会が共同で創設した「ぐるり瀬戸内活性化保証」といった融資支援制度も提供している。社長は瀬戸内ブランドコーポレーションの藤田社長が兼務し、社員はせとうち観光推進機構の職員と瀬戸内ブランドコーポレーションの社員が兼務している。

　せとうちDMOのビジョン（目指す将来像）は、以下の4点である。

　　ビジョン1：瀬戸内が一度のみならず二度、三度と訪れてみたい場所とし
　　　　　　　　て定着している
　　ビジョン2：国内外から人々が集まる
　　ビジョン3：地域が潤う
　　ビジョン4：輝かしい未来に向けて住民の間に誇りと希望が満ちている

　また、せとうちDMOでは、KGI（Key Goal Indicator：重要目標達成指標）として、瀬戸内地域への訪日外国人延べ宿泊者数を掲げている。当初は、2013年実績（120万人泊）の3倍である360万人泊を掲げたが、政府のインバウンド振興策に伴い目標を引き上げて2020年には600万人泊を目指している。

3 ｜ 地域のニーズを汲んだ柔軟な事業支援

　せとうちDMOは、2016年に設立されて以来、すでに様々な分野で事業

や事業支援を行ってきた。事業の規模も、クルーズ船事業である guntû や広島でのヒルトンホテルなどの大型事業から、せとうち DMO メンバーズが中心となって提供する地元の観光関連中小企業向け支援事業（先述）まで幅広い。

　以下では、①クルーズ、②宿泊、③レジャー施設、④情報発信のそれぞれの分野で、せとうち DMO が行っている特徴的な事業支援を紹介する。

①クルーズ事業における投融資・許可取得のサポート

　瀬戸内海を活用した観光プロダクトであるクルーズ事業への支援は、せとうち DMO ならではのものと言える。せとうち DMO は、最初の大規模事業となったハイエンド向けクルーズ船 guntû のほかにも、サイクルシップ事業やヨットクルーズ事業などを支援している。

　guntû は、株式会社せとうちクルーズが運航提供する瀬戸内海に浮かぶ高級宿である。数泊の瀬戸内クルーズが可能で、1 泊 1 室当たり 30 万円から80 万円以上の価格帯となっている。

　外観や内装の設計は建築家の堀部安嗣氏によるもので、瀬戸内との調和をコンセプトにデザインされた。船体上部には瀬戸内の集落に見られる瓦屋根をイメージして屋形船のような屋根が架けられているほか、内装には木材が多用されており、客室は全て海が見えるように配置されている。

　guntû の造船には、せとうち観光活性化ファンドからの出資（ファンド出資第一号案件）に加え、地銀数行が融資を行った。不定期航路を取るための各県の許可取得などに関しては、せとうち観光推進機構が支援した**（写真 1）**。

写真 1　guntû の外観
(出典：SETOUCHI LTK
TRAVEL ホームページ)

現在、guntû は予約が一杯で、順番待ちの状況にある。しかし、計画段階では限られた海域のみでのハイエンドクルーズ事業の事例がなく、成功を確信していた者は関係者においても少数であった。guntû は、船の構造上、穏やかな瀬戸内海しか航行できず、外海には出られない。瀬戸内海クルーズ限定の船であり、他の用途には使えない。guntû によるクルーズ事業は、せとうちを象徴する観光プロダクトになれるかもしれないが、同時にリスクも高かった。観光活性化ファンドによる出資がなければ、地域の事業者と地域金融機関のみでの対応は難しかったであろう。

　guntû の成功は、瀬戸内海のフェリー事業を行う海運各社にも波及した。これまで、「人と車を運べることができれば、それでいい」という程度の認識だったフェリー業界において、観光対応の新造船が相次いでいる。フェリー内で、従来になかった多言語対応やパウダールームの設置などがみられるようになった。本州と四国との間に橋が完成して以来、重要性が低下したフェリーにおいて、「海からみえる瀬戸内海の景色の素晴らしさ」を活用し

写真2　サイクルシップ「ラズリ」。花火大会等の多様なニーズに応えるため、展望デッキ（通常：自転車スペース）はベンチを設置するなど、多目的に活用している
（提供：せとうち DMO）

写真3　せとうち DMO は、瀬戸内の魅力的な地域を約1週間かけて巡りながら、島々での上陸散策やアクティビティも楽しめる宿泊型ヨットクルーズ事業である「カタマラン」にも出資などの支援をしている
（出典：せとうち DMO ホームページ
（2017年8月8日のニュースリリース））

た観光ニーズを捕捉しようとする機運が高まっているのだ。

　また、瀬戸内ブランドコーポレーションは、株式会社JR西日本イノベーションズとの共同出資およびせとうち観光活性化ファンドの活用により、しまなみエリアの魅力向上、交流人口の拡大による地域の活性化に貢献することを目的にした、「サイクルシップ（自転車をそのまま持ち込める旅客船）」保有会社である「株式会社瀬戸内チャーター」を設立した。瀬戸内チャーターがサイクルシップ（新造船。旅客定員：75名、自転車積載台数：約50台）を購入し、株式会社瀬戸内クルージングが運航を担う。2018年10月28日開催の国際サイクリング大会「サイクリングしまなみ2018」に合わせてデビューした後は、尾道—瀬戸田間の定期航路や貸切チャーター船として活用されている（**写真2・3**）。

②宿泊事業における国際視点の誘客サポート

　中国・四国地方には、世界的なブランドとネットワークを持つ外資系ホテル自体が少ない。そうしたなか、瀬戸内ブランドコーポレーションは、広島県の県有地などを活用したホテル事業の運営をヒルトンに委託する契約を行った。2022年度開業を目指す「ヒルトン広島」は、中国・四国地方において、最初の本格的なMICE施設（Meeting、Incentive Travel、Convention・Conference、Exhibition・Event）として期待されている。また、広島での大型外資系ホテルの開業は、瀬戸内の他県の主要都市での同様のホテルの誘致意欲を刺激することにもなると思われる。

写真4　瀬戸内ブランドコーポレーションは、徳島県三好市で古民家活用ビジネスを行う株式会社ちいおりアライアンスにも出資を行い、支援をしている
（出典：Chiiori Alliance & Trust ウェブサイト）

このほかにせとうち DMO では、来日する外国人旅行客における、日本の古い街並みや日本らしい宿に泊まるニーズの高さを踏まえ、2021 年までに100 棟の古民家活用事例をつくる「せとうち古街計画」を打ち出している(写真 4)。計画を具体化する最初の施設として、伊予銀行を通じて、愛媛県内子町で一棟貸しの宿を開業したいと考えている事業者と連携して、古民家宿泊施設である「Setouchi Cominca Stays『織 -ORI-』」を開設している。

③レジャー施設への資金支援

　瀬戸内ブランドコーポレーションが行っているレジャー施設支援で注目されるのは、2020 年 6 月に開業した「四国水族館」だ。運営する株式会社四国水族館開発に対し、せとうち観光活性化ファンドを活用した資金支援を実施した。四国水族館は、香川県の宇多津町のうたづ臨海公園内に建設され、館内ではメイン展テーマを"四国水景"とし、鳴門の渦潮などを再現した水景を見ることができる。

④特産品販売サイトの運営支援

　瀬戸内ブランドコーポレーションは、「株式会社島と暮らす」を通じて瀬戸内 7 県の産品販売サイト「島と暮らす」を運営している(図表 2)。もともとは、阿波銀行の取引先ユーアールエー株式会社による淡路島・徳島を

図表 2　瀬戸内 7 県の産品販売サイト「島と暮らす」(出典:「島と暮らす」ウェブサイト)

中心とする地域の特産品の販売サイトであった。瀬戸内ブランドコーポレーションは、せとうち観光活性化ファンドを活用し、サイト運営会社をユーアールエーと共同で設立した。

4 | 瀬戸内地域での広域観光連携が実現した経緯

　瀬戸内地域での観光連携構想は、2011 年に広島県が打ち出した「海の道構想」から始まっている（図表3）。広島県は、中国四国地方において経済規模としては最も大きい県である。観光地としては、宮島の厳島神社と原爆ドームが世界遺産に登録されている。その広島県が、自県のみへの誘導を目的とした観光地政策に縮こまらずに、瀬戸内というより広範囲の地域を周遊する仕組みをつくろうと考えたことが、海の道構想の発端である。広島県には、宮島のほかにも、呉や尾道などの観光スポットがある。瀬戸内地域で見れば、岡山県の後楽園、愛媛県の道後温泉、香川県の直島、小豆島、徳島県の鳴門、兵庫県の淡路島などがある。しかし従来、それぞれが観光客の目的地になってはいるが、相互の連携がなかった。連携して送客すれば、1 人の観光客に対して複数地点での経済効果を見込むことができる。また、瀬戸内海周辺を対象にした新たな滞在型観光のニーズを生み出すことも可能であった。

　この構想は、広島県の湯崎知事のマニフェストでもあった。湯崎知事は、まず岡山県の伊原木知事に声をかけた。協力して瀬戸内の活性化を図るとの考えの下、広島県と岡山県の連携が核になった。瀬戸内海の本州側中ほどに

2011 年	「瀬戸内 海の道構想」策定
2012 年	「瀬戸内ブランド推進協議会」設立
2013 年	瀬戸内を共有する 7 県（兵庫県、岡山県、広島県、山口県、徳島県、香川県、愛媛県）による任意団体「瀬戸内ブランド推進連合」発足
2015 年	「瀬戸内ブランド推進連合」一般社団法人化
2016 年 3 月	「瀬戸内ブランド推進連合」から「一般社団法人せとうち観光推進機構」に発展改組
2016 年 4 月	「瀬戸内ブランドコーポレーション」を設立
2017 年	会員制度「せとうち DMO メンバーズ」開始

図表3　せとうち DMO の沿革（出典：せとうち DMO ウェブサイトから筆者作成）

位置する比較的経済規模の大きい2県の連携によって、瀬戸内海を巡る複数県での連携観光対応の現実味が一気に増した。こうして、2012年には、兵庫県・岡山県・広島県・山口県・香川県・愛媛県の6県が瀬戸内海観光を共同で促進する「瀬戸内ブランド推進協議会」が設立された。最初の連携は、行政から始められた。

　2013年に、瀬戸内ブランド推進協議会は、徳島県を含めた7県による「瀬戸内ブランド推進連合」へと発展的に解消した（初代の会長に湯﨑広島県知事、副会長に浜田恵造香川県知事、監事に伊原木隆太岡山県知事）。瀬戸内ブランドの確立、国内外へのプロモーションなどに連携して取り組むとし、各県が拠出した予算を活用し、瀬戸内地域や首都圏で瀬戸内ブランドをPRする各種イベントを開催した。

　さらに、日本政府が日本版DMOを推奨するようになると、瀬戸内ブランド推進連合では、日本版DMOへと移行するための検討が行われた。2016年3月に、瀬戸内ブランド推進連合は発展的に解消して、一般社団法人せとうち観光推進機構が立ち上げられた。瀬戸内7県に加え、観光に関わる民間企業も参画した。初代会長には、JR西日本会長（当時）の佐々木隆之氏が就任した。瀬戸内7県が負担金約1億円、観光庁が事業費約3億円を拠出した。

　7県の金融機関の連携は、2016年4月に設立された株式会社瀬戸内ブランドコーポレーション（地元の地方銀行12行と信用金庫6金庫、日本政策投資銀行および企業11社が出資）によって具体化された。

5 ｜ 統一的なインバウンド戦略に基づく観光プロモーション

戦略的なターゲット設定とPR

　せとうち観光推進機構の設立により、自治体の枠を超えた連携が可能となった。その効果の1つが、共通する観光資源である瀬戸内海を前面に出した複数県でのインバウンド戦略、PR、プロモーションの統一である。

　せとうちDMOでは、インバウンド戦略のターゲット国を、イギリス、ドイツ、フランス、アメリカ合衆国、オーストラリアの5国とした。あえて、訪日観光客数の多い東アジアではなく、欧米に照準を合わせたのである。そ

の理由は3つある。

1つ目は、潜在マーケットとしての大きさである。訪日観光客をみると東アジア人が多いが、世界全体で見た海外旅行者数は、圧倒的に欧米人が多い。要するに、「海外旅行をしている外国人の多くは欧米人であるが、日本には来ていない」ということである。せとうちDMOでは、これからプロモーションをしていく時に、「大きくて未開発なマーケット」をターゲットにした、ということである。

2つ目は、日本国内の他の観光地の多くが、近年増加している東アジア地域からのインバウンドをターゲットにしていることにある。「国内の他の観光地との競合を避けよう」ということである。

3つ目は、瀬戸内の観光テーマと旅行客との相性である。せとうちの魅力は、優雅な多島美を楽しむ船旅、サイクリング、アートといったものだ。こうした瀬戸内の観光テーマは、長期滞在型の観光が中心となる欧米観光客の関心とマッチすると考えたのだ。

せとうちDMOは、ターゲットとする国においてマーケティング会社（PRエージェンシー）と連携している。各国ごとに、このマーケティング会社が、対象とするメディア、旅行会社、業界団体を選択した上で、PRやプロモーションを行っている。

この結果、対象各国の旅行関連メディアの視察旅行誘致が行われるようになったほか、JNTO（日本政府観光局）による海外でのキャンペーンなどでも、瀬戸内地域として取り上げられるようになった。2018年末にかけては、世界各国の旅行雑誌が「2019年行くべきデスティネーション」を発表する中、"SETOUCHI（瀬戸内）"が6つの雑誌でランクインした。「NATIONAL GEOGRAPHIC TRAVELLER（ナショナル・ジオグラフィック・トラベラー）誌 英国版」では、第1位に選ばれた。また、「The New York Times」が2019年1月に発表した「52 Places to Go in 2019」において、第7位に"Setouchi Islands"が日本で唯一選出された。この結果、対象各国の旅行会社では、瀬戸内地域への送客を行うための商品造成を図るようになった。このように、せとうちDMOは、欧米市場における"SETOUCHI"というエリアへの注目度を高めた。

この瀬戸内海の魅力は、そこに面する各県で利用可能なわけであるが、イ

ンバウンド戦略の策定と PR・プロモーションを各県がばらばらに行うことは、各県ごとのわずかな観光関連予算を各県ごとに異なるターゲットに費すことになってしまう。そうした散発的な対応で「流れ」を生み出すことは難しい。また、各県ごとの観光資源単独では、それなりの旅行期間を見込んでくる海外旅行客に対し、1泊2日程度の部分的な提案になってしまう。これに対し、瀬戸内地域全体（東西に450km）であれば、1週間程度の周遊ルートを提案できる。

瀬戸内地域の規模で、統一された戦略の策定と実行ができるようになったことで、インバウンド戦略は大きな効果を発揮できるようになったと考えられる。

行政調整コストの効率化

瀬戸内海でのクルーズなどが典型的だが、瀬戸内地域全域で展開する事業については、各県ごとに許認可が必要なものがある。行政が連携したせとうち観光推進機構の存在が、そうした事業の支援において行政調整コストの抑制に効果を発揮している。

新たに瀬戸内各県での展開を図った事業者からは、「せとうち DMO がなければ、どこへ行って何を話していいかさえも分からなかった」との声も聞かれている。こうした県を超えた取り組みに対して、せとうち DMO という行政との関わりも強い主体が横断的に取り組むことによって、短期間での調整が可能となった。域内各県の自治体が全て関与する DMO だからこその効果といえる。

6 │ 競合関係を超えた地銀同士の理念共有と協業

瀬戸内の金融機関が連携する瀬戸内ブランドコーポレーションは、トップにぐるなびの副社長だった藤田氏をスカウトしてきたが、それ以外の人員は、各県の地銀からの出向者が中心となって構成されている。

瀬戸内ブランドコーポレーション自体は、小さな株式会社でしかない。そこで働いている社員のみに視点を置いてしまうと、事業支援能力は限られてみえる。しかし、バックにいる各地域金融機関が連携して働くとなると、そ

の能力は何百倍にもなる。せとうちDMOが、次々と支援事業を展開できている背景には、母体となる金融機関の働きがある。

　ライバル関係にある各地銀の出向者が、互いに足を引っ張り合うことなく連携できるかが焦点であったが、瀬戸内ブランドコーポレーションでは、これがうまくいった。2017年から2018年にかけて中国銀行から瀬戸内ブランドコーポレーションに出向していた吉田明弘氏は「私がとある市でのDMO設立に関するコンサルティングビジネスを担当した時には、広島銀行から出向してきた方が助けてくれました」と話す。

　当時、瀬戸内ブランドコーポレーションに各地銀から出向していたメンバーらは、「銀行にいたときは、自分たちはお互いに取った・取られたのライバル関係にあった。しかし、せとうちDMOは新たに市場をつくり、パイを増やそうとしている。ここでは協力して、早く新たな市場をつくることがお互いの銀行の利益にもなる」と話し合った。

　「地方銀行の行員は、理屈を曲げてまで過去の感情に引きずられる人たちではありません。同じ箱の中で、理念を共有できれば、協力して仕事をする人たちです」と吉田氏は話す。出向者を通じて地域金融機関が連携したことによって、瀬戸内全体にこれまでにない強力な事業支援基盤が生まれたといえる。

7 │ DMO自体が金融・投資機能と事業ネットワークを有する利点

　せとうちDMOの特徴の1つに、DMO自体が金融機能を有していることが挙げられる。瀬戸内ブランドコーポレーションは、せとうち観光活性化ファンドを活用したエクイティ投資ができる。また、連携している金融機関による融資を組み合わせた支援も可能である。現時点の日本の広域連携DMOにおいて、金融機能を有しているのはせとうちDMOのみとなっている。

　実際、支援事業の多くで、せとうち観光活性化ファンドからの出資とともに、関係金融機関からの融資が行われている。単独の地域金融機関では支援が躊躇される大型の投資であるクルーズ船のguntûやヒルトン広島に対しても、せとうち観光活性化ファンドを活用することによってチャレンジができている。せとうちDMOが支援を決めた事業は、同時に資金調達上の課

題がクリアされるのだ。この点は、支援事業がスムーズにスタートしやすい理由の1つとなっている。

　また、せとうちDMOは投資機能を持っているがゆえに、関与する事業に関し、「事業としての採算性があるか」についても必ずチェックすることになる。行政を中心としたDMOでは弱点となりがちな事業の採算性の確保も、投融資機能を持つせとうちDMOの強みとなっている。なお、行政が主体となるせとうち観光推進機構が別組織として存在することにより、広域連携であるがゆえにどうしても意識されてしまう各県ごとの施策の偏りに対してバランスをとる役割を、ある程度同機構に任せられることもメリットとして指摘できる。

　一方、瀬戸内ブランドコーポレーションにおいて、瀬戸内地域の地域金融機関が協力関係を結んだことは、観光事業の開発において、瀬戸内を網羅する事業ネットワークを確保したことを意味する。次々と打ち出される支援事業の多くは、全国ブランドの大手企業からの提案もあるが、各県の地元企業が取引先である地元の地銀を通じて提案してきたものもある。せとうちDMOで特定の事業を支援することが決まれば、次は、瀬戸内ブランドコーポレーションにいる各地銀からの出向者が母体銀行の地元ネットワークを活用して、協力できる先を探す。つまり、地元の企業→地元の地銀→せとうちDMO→連携する各地銀→各地銀の取引先という形で協力関係が結ばれていく。このようにせとうちDMOは、地域金融機関が持つ地元ネットワークが瀬戸内という広域で機能を発揮した好例と言える。

DMO

地域にある様々な自然や文化などの観光資源を活かし、官民連携による地域づくりを担う主体の1つとして、DMO（Destination Management/Marketing Organization）と呼ばれる専門組織が注目されています。観光目的地としての魅力を高めるべく、地域のマネジメントやマーケティング施策の展開を主導するコンソーシアム型組織です。欧米の観光先進国を中心に発展してきた観光政策の新しい担い手のありようで、2007年に世界観光機関（UNWTO）が示した枠組みのもとで、世界各地に設立されるようになりました。

これまでの観光振興は、自治体の政策目標のもとで、地域の観光協会をはじめ、商工会やまちづくり協議会、金融機関など様々な主体において個別に取り組むことが普通でした。観光協会が実質的な推進主体ではあったものの互助組織的側面が強く、施策は地域の事業者の利害に沿ってなされがちで、旅行者目線では魅力に欠けやすいことが課題でした。

一方、「観光地経営」を使命とするDMOは、ターゲットとなる観光客層に向けて最適な施策を打ち出すために、様々なデータを継続的に収集・分析し、統一的なコンセプトやマーケティング戦略を立案し、さらにそれを実現するために地域内での調整にも取り組みます。従来の観光政策のありようとは逆に、いわば顧客視点を志向する組織であるといえるでしょう。

国内では、2015年に観光庁によって「日本版DMO候補法人登録制度」が創設され、2020年を目処として、世界水準で展開するDMOを日本全国で100件程度まで増やすことが目標に掲げられました。同制度においてDMOは、複数の都道府県にまたがる広域連携DMO、複数の地方公共団体にまたがる地域連携DMO、単独の市区町村で取り組む地域DMOの3つに分類されており、Case 11のせとうちDMOは広域連携DMOの代表例です。

特定の自治体単位における都市間競争に終始することなく、自治体同士が連携して広域的なブランディングを図り、インバウンド観光客の誘致をねらう例は今後も増えてくるでしょう。

過渡期にある観光政策のトレンド

開拓途上の時間市場「ナイトタイムエコノミー」

　今後の観光戦略の大きな柱の一つとして挙げられているのが、「夜の経済圏」の拡大である。夜の経済圏とは、日没から翌朝まで（主に18時から翌日朝6時まで）に行われるさまざまな経済活動を指し、「ナイトタイムエコノミー」とも呼ばれている。昼の経済圏、すなわち日中に行われる経済活動が短期的な滞在にとどまりがちであることから、夜間の「時間市場」を開拓し、滞在時間の長期化と消費の拡大を図ろうとするものである。

　特に「観光」については、まさに英語で "sightseeing" と訳されるように、主に日中に様々な場所（sight）を訪れて目当てのコンテンツを観てまわる（seeing）ことが一般的であり、目的地ごとの滞在時間は短期的で、消費行動も単発的になりがちである。観光客がただ短期的に「来る」だけではなく、昼間だけでなく夜間も含めて「滞在」して楽しめる方法を拡充させることは、観光客の満足度を高めるのみならず、消費の拡大により地域経済のうるおいにもつながる。

　海外ではすでにナイトタイムエコノミーを推進する取り組みが進んでいる都市もある。対象は必ずしも飲食店や商業施設にとどまらず、歴史的建造物や芸術関連施設など文化的価値を持つ拠点にも焦点が当てられている。例えばニューヨークにおけるナイトタイムエコノミー推進の専門組織（Office of Nightlife）の立ち上げは、文化の保護・育成が背景にあるとされ、様々な規制や弾圧を理由に廃業、閉店を余儀なくされた施設の再生が検討されている。同時に、ナイトライフが帯びる文化的価値の定量的評価を行う取り組みもなされており、これまで注目されてこなかった領域の文化醸成にも焦点が当たりつつある。

夜の経済圏を健やかにするカギ「ナイトメイヤー」

　一方、夜間の経済活動の推進には懸念点もつきまとう。夜間によって見通

しが悪いことによる盗難などの事件や事故、酔客による喧嘩や吐瀉物といった治安上・衛生上の問題が代表例である。当該地域の住民から苦情が集まれば、行政側としては、周辺店舗・施設の営業時間を制限するなど、経済活動を規制する方向に傾きかねない。

このように、ナイトタイムエコノミーには、地域住民や事業者をはじめとするステークホルダーの多様な価値観を受け入れつつ、最適な状況で推進してゆくための関係調整や環境整備が欠かせない。そこで注目されているのが、夜間の行政を専門に担当する「ナイトメイヤー」（夜の市長）という役職である。"市長"と名乗ってはいるものの、昼の市長とは違い、市政における公的な職業や権力は持たず、あくまで政府や地方自治体、地域住民やナイトライフを担う事業者たちの間に立ち、取りまとめや政策立案を行う責任者である。

例えば世界初のナイトメイヤーである、オランダの首都・アムステルダム市のミリク・ミラン氏は、もともと夜間に発生したトラブル対応や地域活性化に取り組んでいた人物で、クラブのプロモーターを務めながらナイトライフに関連した活動を始めたことから、夜間に事業を営む地域の経営者らから支持を受け、ナイトメイヤーに就いた。ミラン氏のナイトメイヤーとしての給料は、アムステルダム市と地域の経営者らにより分担して支払われている。世界では他にも、ロンドンやベルリン、パリなどヨーロッパの都市を中心にナイトメイヤーやそれに類する役割を担う専門職や専門組織が設立され、政策立案や議論を主導している。

2016年には、EU加盟国の「市長サミット」が開かれるのに合わせて、第1回となる「ナイトメイヤーサミット」が開催されており、世界中の行政関係者や起業家らとともに「ナイトタイムエコノミー」「公衆衛生と政治」「都市空間の再定義」「モビリティ」「ナイトメイヤーへの道」などのテーマで講演や議論が行われた。

風営法改正をめぐる動き

ここで、ナイトタイムエコノミーとも関連の深い法律「風営法」をめぐる近年の動向に触れておきたい。風営法は、ライブハウスやナイトクラブ、スナック、キャバクラ、パチンコなど、風俗店や遊興施設の営業活動を規制し

たり運用方針を定めたりした法律である。

　従来の風営法による規制対象の1つだったのが「ダンス」で、深夜12時以降は営業店舗内でのダンスが一律で禁止され、12時以前は許可を受けた場合のみ営業が可能であると定められていた。この規制をめぐり、2012年に大阪の老舗クラブのスタッフが逮捕されたことを機に全国各地のクラブで一斉摘発が相次ぎ、閉鎖に追いやられる店舗が続出。こうした状況が社会問題化し、業界内外を巻き込んだダンス文化の保護運動に発展した。

　飲食店やクラブの経営者のみならず、法律家も参加して署名活動などが行われたほか、運動に賛同する国会議員らが「ダンス議連」を結成する動きにまで発展した。さらにクラブカルチャーに関わる人たちも率先して地域の清掃活動に従事したり、事業者団体を設立して自主規制ルールを設けたりするなど、クラブ経営の健全化を図る取り組みなども行われた。

　こうした活動が実を結び、2016年6月に改正風営法が施行された。深夜12時以降も「特定遊興飲食店営業許可」という許可を取ることでクラブ経営が可能となったほか、ライブハウスでのライブ演奏やスポーツの応援イベントなども可能となった。また「性風俗」「風俗営業」「飲食店」と3つのレイヤーで規制を区分し、今まで「風俗営業」の範囲にあった店舗が「飲食営業」という枠組みに建て付けを見直されたことも大きなポイントとなった。すなわち、従来曖昧だった法律上の扱いを明確化し、事業者の遵法精神と自主規制により地域との協調を促すことで、クラブをはじめとするナイトカルチャーを地域全体で受け入れていける仕組みを整えたのである。

　インバウンド誘致を含めた観光振興施策の一方で地域の環境維持のために必要な法整備を進めていくうえで、風営法改正をめぐる経緯は参照したい好例である。

IR・カジノ誘致を取り巻く課題

　ナイトタイムエコノミーとも関連の深い国際的な観光振興の大きな柱として政府も推進しているのが「統合型リゾート」（IR：Integrated Resort）である。「IR」というと一般的に、「カジノ」が連想されがちであるが、カジノのみならず、国際会議場や展示場など「MICE」（Meeting ／ Incentive tour ／ Convention・Conference ／ Exhibition・Event）と呼ばれる施

設、ショッピングモールや美術館、ホテル、レストラン、劇場・映画館、テーマパーク、スポーツ施設、スパなどが一体となった複合型観光集客施設を指す言葉である。

　IR は、世界的に知名度の高いアメリカのラスベガスのほか、近年ではマカオ、シンガポール、フィリピン、韓国、ロシアなど、アジア各地でも誘致が相次いでいる。大規模な雇用創出や税収増加、大型リゾート開発に伴うインフラ整備などによる地域活性化も期待されることから、日本では、2018 年 7 月に 3 カ所限定で開設することを盛り込んだ「特定複合観光施設区域整備法案」が成立。基本方針の策定や候補地の正式決定、各自治体による IR 事業者の選定などを経て、2025 年ごろを開業の目処として候補地の検討が進められている。現在、有力候補として大阪市や横浜市が挙がっているほか、長崎県や愛知県も名乗りを上げている。

　一方でしばしば取りざたされているのが、地域への IR 誘致に対する住民の反発である。例えば誘致を表明した横浜の林市長は、2017 年の市長選においてカジノ誘致は白紙撤回すると発言していたが、2019 年 8 月に改めて IR 誘致を正式に名乗りを上げたことで、市民らによる反対運動など多くの批判にさらされている。

　また、IR を目当てに来訪する観光客の増加によるオーバーツーリズム（Keyword 7 参照）の問題や、騒音や盗難などの治安の悪化やギャンブル依存症の増加への懸念、さらにはカジノがマネーロンダリングの場として悪用される危険性が指摘されるなど、IR 設置に対しては理解の溝を埋める必要のある課題も多い。こうした問題に対して、政府や誘致を目指す自治体がどのような対策をとっていくのか。大規模な開発事業として莫大な予算や政治的思惑も絡むことから、対応が注目されている。

　こうした状況のなか、2020 年 5 月に世界最大のカジノ運営会社、ラスベガス・サンズが日本での IR 事業ライセンスの取得を断念し、カジノ設立の計画を取りやめた。すでにシーザーズ・エンターテインメントなどの他の大手カジノ運営会社も計画を撤回している。こうした事業者らの撤退を招いた課題として、国による IR 事業へのライセンスの有効期限の短さが指摘されている。すなわち、ライセンスが有効なのは施設の整備区域の認定による設置許可の日から 10 年間で、その後は 5 年ごとの更新が求められているが、

整備区域の認定から施設のオープンまでに約5年の時間がかかることから、巨大な施設への投資をIR事業の利益で回収するには、10年間というライセンス期間では事業者にとってリスクが大きいのである。IR誘致をめぐっては、先に述べたような地域との調整だけではなく、こうした事業者に対する制度上のケアにおいても課題は少なくないとみられる。

金融トピックス解説編

金融機関とプロジェクトファイナンス

ここでは、伝統的な事業者向けの融資以外の金融手法として、地域におけるプロジェクトの資金調達手法として活用されるようになったプロジェクトファイナンスに加え、ファンドからの資金調達について解説する。

プロジェクトファイナンス

プロジェクトファイナンスとは、特定事業に対して融資を行い、その事業から生み出されるキャッシュフローを返済の原資とし、債権保全のための担保も対象事業の資産に限定する手法である（図表1）。個別の企業ではリスクを負担できない長期かつ大型のプロジェクトへの融資手法として使われてきた。

長期のプロジェクトに関しては、様々なリスクが考えられるが、プロジェクトファイナンスにおいては、関係者との間での様々な契約や損害保険などの活用によって、リスク顕現化時の対応をあらかじめ定めることにより、リスクをコントロールすることができる。

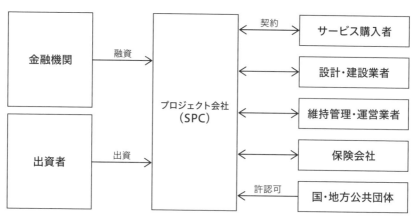

図表1　プロジェクトファイナンスのスキーム

特別目的会社（SPC：Special Purpose Company）

　プロジェクトファイナンスの場合は、対象プロジェクトのみを遂行し、それ以外の事業を扱わない SPC を設立し、その SPC が主体となって事業を運営する。また、出資者（通常、プロジェクトの主体となる事業者）は、SPC の債務返済に関し、出資の範囲以上の責任を負わない（この性質はノンリコースと呼ばれる）。SPC が受け取るキャッシュフローは、対象となるプロジェクトに関するものだけであり、関係企業の他の事業の影響からも遮断されている。

　金融機関（債権者）からみると、SPC 向けの融資は、対象事業から発生するキャッシュフローからのみ返済を受け、事業に関係する企業が債務の保証をしないノンリコースローンとなる。

　SPC に対する事業者の出資が少なければ、債権者となる金融機関のリスクは大きくなる。プロジェクト紹介編の Case 2 で紹介した風力発電プロジェクトにおいて、北都銀行は、自らが取り組んでいるプロジェクトファイナンスについて、「地方版プロジェクトファイナンス」と自称しているが、これは、企業規模が小さい地方の事業者では、SPC に対する多額の出資が難しい点を勘案し、出資の比率が低い分、融資を行う銀行側がリスクを負っているのに対し、貸出の金利を高めにすることで対応していることを意識したものである。

シンジケートローン

　プロジェクトファイナンスでは、単独の金融機関による融資ではなく、シンジケート（融資団）を組んだ上で対応するシンジケートローンの形態を取ることが多い。シンジケートローンは、単独の金融機関ではリスクを負担しきれない大規模な資金調達時に組成されるので、プロジェクトファイナンスに限らず、大企業の資金調達（コーポレートファイナンス）の際にも活用される。

　シンジケートローンにおいて、事業者からの要請により、融資団を取りまとめる金融機関を「アレンジャー」と呼ぶ。また、シンジケート団側の代理人として、返済に関する資金決済事務や事業者とシンジケート団の間の連絡を行う担当を「エージェント」と呼んでいる。多くの場合、アレンジャー

がエージェントを兼ねている。

シンジケートローンは、大規模な資金調達に活用されていることから、メガバンクがアレンジャー・エージェントとなって対応するケースが多い。従って、地域金融機関がアレンジャー・エージェントとなって、プロジェクトファイナンスのシンジケートを取り仕切ることは、チャレンジなのである。

再生可能エネルギー固定価格買取制度（FIT：Feed-in Tariff）

プロジェクトファイナンスの返済は、対象事業の将来キャッシュフローのみにかかっている。したがって、プロジェクトファイナンスにおいてポイントとなるのは、対象プロジェクトにおいて、長期的に安定したキャッシュフローを見込めるかどうかである。プロジェクトのアウトプットに関し、信用力の高い購入者との間で、長期にわたって固定価格で買取ってもらう契約が結べるのであれば、長期的に安定したキャッシュフローを見込めることになる。

再生可能エネルギーに関しては、2012年7月から「電気事業者による再生可能エネルギー電気の調達に関する特別措置法」によって、再生可能エネルギー源（太陽光、風力、水力、地熱、バイオマス）を用いて発電された電気を、一定の期間、固定価格で電気事業者が買い取ることを義務づける制度（FIT）ができた。

この制度により、「日本における再生可能エネルギーに関するプロジェクトファイナンスのハードルが下がった」と言える。

PFI/PPP

PFI（Private Finance Initiative）とは、公共施設などの建設、維持管理、運営などを民間の資金、経営能力および技術的能力を活用して行う手法である。日本では、PFI法（民間資金等の活用による公共施設等の整備等の促進に関する法律）に基づく公共事業がPFIとなる。

PFIでは、プロジェクトファイナンスの手法を取り入れており、実際のサービスを提供する事業者とは切り離した主体であるSPCを設立し、事業者におけるPFIとは関係のない他の事業のリスクを遮断している。

PFIは、利用者が払う施設の利用料などにより必要なコストを全て賄う「独立採算型」と、公共事業でかかった費用について、国、自治体、公社等

が、サービス購入費として全て支払う「サービス購入型」に、分けられる（その中間の「混合型」を入れると３種類になる）。

　サービス購入型の PFI は、費用を全て公共側が支払うという意味では、従来の公共事業と変わりがない。従来の公共事業との違いは、資金調達とその返済にある。従来の公共事業では、国、自治体、公社等が起債により一括で資金調達し、一括で事業者に支払うのに対し、サービス購入型の PFI では、事業者が金融機関に返済するペースに合わせて分割で支払うことになる。

　PPP（Public Private Partnership）は、広く公民連携を指す言葉であり、PFI も PPP の一部ということになる。PFI が公共事業での公民連携であるため、それ以外の様々な公民連携が狭い意味での PPP となる。典型的には、民間ビジネスへの公的支援（公有地の活用、補助金等）などが挙げられる。

　地域活性化の取り組みには、事業者、金融機関、自治体が一体となって対応している。プロジェクト紹介編で取り上げたほとんどの事例が PPP だと言える。

ファンド

　「ファンド」とは、複数の出資者から資金を募り、その資金を元手に事業への投資を行い、収益を出資者に分配する仕組み（集団投資スキーム）を言う。ファンドの設立は、組合契約によるもの、法人を設立するもの、信託契約によるものなど、様々な形態がある。金融商品取引法では、ファンドへの出資を募ったり、ファンド財産の投資運用を行ったりする者に対して、原則として登録を義務づけている。時に、ファンドでの運用を行う法人自体をファンドと呼ぶこともある。

ベンチャーキャピタル（VC：Venture Capital）

　VC とは、成長性がある株式非公開企業に、株式などのエクイティで投資を行う企業のことである。VC は一般的に、投資した株式を新規公開後に売却して投資資金の回収を行うが、近年においては、株式公開以外にも M ＆ A などでの売却により投資資金を回収するケースが増えている。VC は、自社で直接投資を行う場合もあるが、多くの場合には VC ファンドを組成し、

そのGP（後述）として運営を行う形で、成長企業への投資を行っている。

GP（ゼネラル・パートナー）／LP（リミテッド・パートナー）

　GP、LPは、ファンドに出資する場合の役割の違いを示している。GPは、ファンドの組成、投資実行、回収・分配、清算といったファンドの管理運営に関わる業務を執り行い、その対価として管理報酬・成功報酬をファンドから受領する。GPは、無限責任を負うものとされる。一方、LPは、GPに資金の運用を委託する出資者であり、責任は出資の範囲内に限定される（有限責任）。実際の具体的なGP、LPの権限、責任は、ファンド組成時の根拠法（民法、商法、投資事業有限責任組合法等）や契約の内容によって異なる。

官民ファンド

　官民ファンドとは、法律上の根拠に基づき、民間の事業などに対して出資や貸付などの投融資を行う、政府と民間企業が共同出資した法人もしくは、その投融資資金を指す。政府側からは、官民ファンドに対し、財政投融資や一般会計出資が行われている。

　主なものに、㈱産業革新機構（革新性を有する事業の育成）、独立行政法人中小基盤整備機構（中小企業支援）、㈱地域経済活性化支援機構（事業再生支援、地域活性化事業支援）、㈱農林漁業成長産業化支援機構（農林水産業の6次産業化支援）、㈱民間資金等活用事業推進機構（PFI支援）、㈱海外需要開拓支援機構（クールジャパンの海外展開支援）、一般社団法人グリーンファイナンス機構（低炭素化プロジェクト支援）などがある。

　官民ファンドが、プロジェクトファイナンスの主体となるSPCや特定の事業を行う事業者に対し、資本性の資金を供給することにより、①SPCや事業者の損失負担力が高まること、②当該事業が公的にも応援されているものとして認知されることなどにより、民間の事業主体が出資しやすくなるほか、民間金融機関も融資しやすくなる「呼び水効果」がある。

　多くの官民ファンドが、公的な資金を原資にしているほか、官庁や金融機関からの出向者も多いことから、慎重な手続きによって運営されており、投融資の実績が上がっていない。また収益的にも赤字の先が多い。

地域経済活性化支援機構

略称は REVIC（Regional Economy Vitalization Corporation of Japan）。

前身となる企業再生支援機構は、2008 年秋以降の金融経済情勢の急速かつ大幅な悪化等を受けて、有用な経営資源を有しながら、過大な債務を負っている事業者の事業再生を支援することを目的に「株式会社企業再生支援機構法」に基づき、2009 年に設立された機関であった。

2013 年に、従前からの事業再生支援に加えて、地域経済の活性化支援を目的とする改組等が盛り込まれた法改正がなされ、「株式会社地域経済活性化支援機構法」に法律名が改められるとともに、商号を株式会社地域経済活性化支援機構に変更した。

REVIC の資本金は、預金保険機構からの出資などにより組成されている（約 131 億円）。また、REVIC の民間金融機関からの資金調達には、政府保証が付される。

REVIC は、金融機関らと共同して地域活性化ファンドの運営を行う業務（活性化ファンド業務）を行っている。地域活性化ファンドの運営業務は、REVIC が直接行うのではなく、ファンド運営会社を別途設立している。

また、地域活性化ファンドや事業再生ファンドに対し、LP として出資を行う業務（ファンド出資業務）がある。LP 出資の場合、REVIC がファンド運営に関与する場合としない場合がある。REVIC による LP 出資は、2019 年 12 月 31 日段階で 27 件となっている。

民間都市開発推進機構

一般財団法人民間都市開発推進機構（略称 MINTO 機構）は 1987 年に設立された。「民間都市開発の推進に関する特別措置法」に基づく民間の都市開発を推進するための主体として、国土交通大臣の指定を受けている（現在、指定を受けているのは MINTO 機構のみ）。都市再生特別措置法などに基づき、優良な民間が行う都市開発に出資などの資金供給を行っている（図表 2）。

このうち、まち再生出資業務では、公民連携事業（PPP）として有名な岩手県のオガールプロジェクト、広島県の ONOMICHI U2 などに出資している。

また 2017 年からは、まちづくりファンド支援業務（マネジメント型）を開始した。これは、地域金融機関と MINTO 機構が連携して「まちづくりファンド」を組成し、当該ファンドからの投資（出資・社債取得）を通じて、リノベーション等による民間まちづくり事業を進めることで、当該エリアの価値向上を図りつつ、地域の課題解決に貢献するものである（Case 3 参照）。

出資	**1．まち再生出資業務** 市町村が定める「都市再生整備計画」等の区域等において行われる国土交通大臣の認定を受けた民間都市開発事業に対する出資等による支援
長期安定的な 融資型支援	**2．メザニン支援業務** 「都市再生緊急整備地域」等の区域において行われる国土交通大臣の認定を受けた民間都市開発事業に対する貸付または社債の取得による支援 **3．共同型都市再構築業務** 事業の施行に要する費用の一部を負担して不動産を取得し、当該不動産を共同事業者に長期割賦弁済条件で譲渡することで、長期安定的な貸付と同様の効果をもたらす支援
ファンド支援	**4．まちづくりファンド支援業務** (マネジメント型) 地域金融機関と連携してまちづくりファンドを立上げ、民間によるまちづくり事業に対して、出資等を行う支援 (クラウドファンディング活用型) クラウドファンディングを活用した民間によるまちづくり事業に助成を行うまちづくりファンドに対して、資金を拠出する支援

図表 2　MINTO機構の支援メニュー（出典：MINTO機構の資料から筆者作成）

金融機関の経営

　預金を預かる金融機関の経営は、信用によって成り立っている。個別の金融機関に対する信用の低下は、金融システム全体を不安定にする可能性もある。このため、金融機関に対しては、経営の健全性を確保する観点から、様々な規制が設けられてきた。そのような構造の下、日本の金融機関のほとんどが、経営の健全性を重視した慎重な経営を続けてきた。

　一方で、地域金融機関の収益環境は、人口の減少による資金需要の後退、市場金利の低下などから傾向的に悪化してきている。地域金融機関においては、「従来通りに慎重な経営を続けるだけで、何のチャレンジもしないままでは、生き残りが難しい」との意識が高まっている。本書のプロジェクト紹介編で取り上げた地域金融機関による地域活性化の取組みは、そうした危機感が背景にある。

　以下では、地域金融機関を取り巻く経営環境と規制に関し、解説する。金融機関を取り巻く構造と環境を踏まえれば、プロジェクト紹介編で取り上げた事例は、金融機関にとって伝統的な枠から踏み出した「勇気ある一歩」であることが分かる。

信用創造と信用不安

　金融機関は、資金の多くを預金で調達し、貸出などで運用している。預金は、普通預金であればいつでも引き出し可能であるほか、定期預金であっても、解約すれば引き出し可能である。すなわち、預金はいつでも引き出される可能性がある負債である。一方で、貸出は期限が来るまで返済を求めることができない。このため、多くの預金者が金融機関の経営に不安を持ち、自分の預金を引き出そうと殺到すれば（取付騒ぎ）、金融機関は容易に資金繰り倒産に見舞われる構造にある。

　金融機関に現金を預けると、それが預金になる。金融機関はその預金を貸出で運用すると、借り入れた個人や企業の口座の預金が増える。最初に、現金を預けることにより、預金→貸出→預金→貸出といった連鎖によって、

現金の数倍の預金が生まれていく（この仕組みは「信用創造」と呼ばれている）。金融システムの基盤となっている「預金」は、このように、個人や企業が現金で保有するのではなく、金融機関に預金として預けることによってつくられているものである。金融機関に対する信用が揺らぎ、個人や企業が金融機関から現金を引き出そうとすると、預金は加速度的に縮小し、金融システムは崩壊してしまう。

このように、金融機関や金融システムは、信用不安によって容易に崩壊してしまう脆弱性を有している。このため、多くの国で、金融機関に対しては規制と保護が図られている。

自己資本比率

自己資本比率は、一般的には、総資産に対する自己資本の比率（自己資本÷総資産）である。金融機関が損失を発生させても、自己資本が充実していれば、債務（金融機関の場合、多くは預金）の返済が脅かされる可能性は少ない。金融機関は、預金者からの信用を維持するためにも、一定の自己資本を確保しておく必要がある。

金融機関の場合、一定以上の自己資本比率を維持すること、および、その計算方法が法令によって定められている（自己資本比率規制）。海外支店を持つなど国際展開する銀行の自己資本比率には、国際基準（バーゼル規制）がある。国際基準と国内基準では、自己資本比率の計算方法や求められる最低自己資本比率が異なる（国際基準行8%、国内基準行4%）。

分母となる資産は、貸借対照表上の総資産ではなく、銀行が保有する資産をリスクの高さに応じて計算する形となっている。こうして計算されなおしたリスクアセット（各資産の額×リスクウエイトの総和）が金融機関の自己資本比率における分母になる。例えば、国債は、信用リスクが極めて低いので、資産額×0%のリスクウエイトとなり、分母となるリスクアセットに含めないでよい。一方、一般企業向けの貸出などは、相手企業の格付や貸し方に応じてリスクウエイトが変わる。具体的な計算方法は、専門性の高い複雑なものとなっている。

公的資金

金融機関に対し、国が供与した資本は公的資金と呼ばれている。金融機関の自己資本不足は、経営の安定性の阻害要因となる。これまで、金融機関には、金融システムや地域経済の安定性確保の観点から、国から資本が供与されてきた。過去の金融危機時には、大手行を含めて公的資金が注入されたが、その多くは返済されている。

2004年に制定された「金融機能強化法」は、地域経済の活性化を目的に、地域金融機関への公的資金注入を制度化したものであり、この法律に基づき、地域金融機関への公的資金注入が行われている。

コア収益力（コア業務純益）

金融機関の本業は、預かった預金を貸出や有価証券（債券、株式等）で運用するといったものである。このため、金融機関のコアとなる収益（コア業務純益）を大雑把に示すと、以下のような式になる（業務純益というのは、一般企業の営業利益に近い概念）。

コア業務純益 ≒
    貸出・有価証券の利息配当 − 預金の利息 + 手数料収益 − 経費

地域金融機関のコア業務純益（図表1）は、傾向的に減少している。この要因は、貸出の停滞（預貸率の低下）と貸出金利などの金利の低下によるものである。

市場金利の低下は、日本においては、日本銀行の金融政策によってコントロールされているものではあるが、経済が成熟化した先進国共通の傾向でもある。いずれにしても、個別の金融機関では、いかんともしがたい事象である。しかし、貸出の金額や金利については、地域金融機関自身の経営によって変えていく余地が残されている。地域金融機関による地域活性化の取り組みは、すぐに効果が出るものではないが、長い目でみた貸出収益に働きかける施策とも言える。

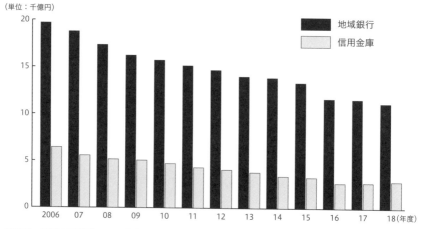

（単位：千億円）

凡例：
■ 地域銀行
□ 信用金庫

図表1　地域金融機関のコア業務純益の推移（出典：日本銀行の資料から筆者作成）

預貸率

　預貸率とは、預金に対する貸出の比率である（預貸率＝貸出÷預金）。

　地方における企業活動の停滞は、地域金融機関にとっての貸出の減少につながっている。そもそも、全国展開をする大手企業の多くは、地方に拠点を持つ場合でも、東京など都心部にある本社で資金調達を行うケースが多い。地域金融機関では、メガバンクのような海外での貸出もほとんどない。

　一方で、地方においては、これまでのところ預金額が多い高齢者人口が（生産年齢人口に比べ）さほど減少していないため、預金は減少していない。

　このため、地域金融機関の預貸率は傾向的に低下してきた。ただし、個別にみると、同じ地域にあっても金融機関によって預貸率には各差がある。そうした預貸率の差は、金融機関の貸出に対する積極性の違いを反映しているものと捉えることも可能である。

経営統合

　地域経済のパイが縮小する中で、地域金融機関の経営競合が進展してきた。地域金融機関のコア業務純益の低下の最大の要因は、貸出金利息収入の減少にあるが、特に貸出金利の低下の影響が大きい。貸出金利の低下は、市場金利の低下の影響のほかに、金融機関同士の競争による利鞘部分（貸出金

利ー市場金利の部分）の縮小の影響も大きい。

　パイの縮小が止まらないのであれば、金融機関の数も減るのが必然となるが、競合相手が倒れるまで競争を繰り広げることは、経営の安定性が重視される金融機関にとって望ましいものではない。

　地域金融機関のコア収益力の低下が止まらない近年、地域金融機関同士で経営統合を図る動きが拡がっている。経営統合には、様々な形態があり、シンプルに合併するパターンもあれば、共通の持株会社を設立して既存の金融機関がそれぞれ子会社となるパターンもある。

金融機関の業務規制

　金融機関は、法令に定められた業務範囲を超えた業務が禁止されている。これは、金融以外の業務のリスクが金融機関の経営に影響することを防止する趣旨がある。業務範囲に関する規制は、金融機関のグループ会社にも及んでいる。

　近年、金融機関の付随業務の範囲に関する金融庁の解釈が拡がっており、金融機関の顧客に対するコンサルティング業務が幅広く認められるようになった。プロジェクト紹介編における地域金融機関の取り組みの多くは、そうしたコンサルティング業務が応用されたものと言える。

金融機関による融資

　預金を預かる金融機関の主たる資金運用手段が融資（貸出）である。しかし、民間金融機関は、安全性を重視する融資運営を行っているため、財務状況が良好な企業や個人でなければ、簡単には融資に応じない。

　このため、日本の中小企業の資金調達においては、公的機関（政府系金融機関、保証協会）による補完的な役割が大きかった。

　また従来、金融検査マニュアルに則った対応が徹底されていたため、融資対象とする企業の評価方法が全国的に統一され、財務実績が良好な先や担保の豊富な先への融資に金融機関が殺到し、利鞘の低下を招くとともに、財務実績、資産蓄積が乏しい企業の資金調達には課題が残るといった状況にあった。

　これに対し近年、金融庁は事業性評価の推奨や金融検査マニュアルの廃止を行うなど、これまでの融資慣行の変容を求めている。

事業性評価

　「事業性評価」とは、財務実績や担保・保証に過度に依存することなく、取引先企業の事業内容や成長可能性などを適切に評価することである。財務実績や担保・保証の有無は、誰からみても分かりやすいものであるが、それを超えたより本質的な事業の評価となると、評価をする者の経験や熱意といったものにも左右されるし、アプローチの仕方も様々なものとなる。

　Case 9で取り上げた第一勧業信用組合のコミュニティ・ローンは、コミュニティの定性情報をうまく取り入れた事業性評価であるが、あくまでアプローチの仕方の1つに過ぎない。

金融検査マニュアル

　金融庁の検査官が金融機関の検査を行う際に用いるマニュアル。銀行、信用金庫、信用組合などは、「預金等受入金融機関に係る検査マニュアル」（他に保険会社用、金融持株会社用がある）によって、検査されてきた。

　特に、金融機関の資産の評価とその会計処理の方法を記載した自己査定

と償却・引当に関する別表部分は、金融庁検査を通じて、そのやり方が金融機関に徹底された結果、金融機関の融資、管理、会計業務に組み込まれる形で浸透している。

　それが金融機関の融資姿勢の画一化につながった（Case 9 参照）。こうした弊害を踏まえ、金融検査マニュアルは、2019 年末で廃止されている。

政府系金融機関

　法律を制定することにより特殊法人として設立され、出資金のうちの多く（または全額）を政府が出資している金融機関の総称。日本政策投資銀行、日本政策金融公庫、商工組合中央金庫等がある。

　預金の受け入れにより資金を調達している民間金融機関は、預金者から経営の健全性への疑念を持たれることを避けねばならないこともあり、リスク回避的な対応をしがちである。一方、政府系金融機関は、財政投融資や政府保証債で資金を調達しているほか、赤字となった場合でも国の財政からの補塡が行われる。このため、リスクを取った政策的な対応が可能となっている。

　実際に、金融危機時や大規模な自然災害の発生時など、民間金融機関がリスクを取って融資をしにくい状況において、政府系金融機関は政策的に融資を行ってきている。また、リスクが高いとともに、少額であるがゆえにコストパフォーマンスが良くない創業融資の分野においては、これまで民間金融機関が慎重な対応をしてきたなかで、日本政策金融公庫が圧倒的なプレゼンスを有してきた。

　しかし、そうした民間を補完する機能を発揮している一方で、政府系金融機関の融資が民間金融機関の融資と競合するケースもあり、民間金融機関側から、「民業圧迫」の問題を提起されている。

保証

　融資の保全には、物的担保（不動産抵当、動産質権）のほかに、人的担保である保証がある。中小企業向け融資の場合、金融機関の求めに応じて、経営者が企業における金融機関からの借入の保証人となっていることが多い。このため中小企業の場合は、株式会社であったとしても、経営者は株式

の出資の範囲で有限責任となっているわけではなく、金融機関借入に関して
は、保証によって事実上の無限責任を負っている。

　中小企業に関し金融機関が経営者保証を求めるのは、企業と経営者個人
の財産が厳格に分離されておらず、企業の利益が経営者個人に蓄積されてい
る場合などがあるためである。

信用保証協会

　金融機関による中小企業向けの融資に対し保証を行う公的機関。47都道
府県と4市（横浜市、川崎市、名古屋市、岐阜市）にある。金融機関が自
身のリスク負担で単独で行う融資（これをプロパー融資と呼ぶ）では、リス
クの高さから貸しにくい企業であっても、保証協会の保証があれば、融資に
応じやすくなる。保証協会によって守られているのは金融機関なのである
が、それにより中小企業が金融機関から借入をしやすくなっている。

　保証対象企業が貸倒れた場合、保証協会が金融機関に弁済を行う（代位
弁済）。金融機関は回収業務を免れ、債務者らの回収は保証協会が行うこと
になる。信用保証協会が保証するに当たっては、企業の経営者の保証を求
めるので、貸倒れた場合に経営者が追う責任は、金融機関のプロパー融資で
あっても、協会保証付きの融資であっても変わらない（事実上の無限責任）。

保証会社

　保証業務を行う民間会社。個人ローンに関し、金融機関が活用すること
が多い。金融機関が独立した保証会社の保証を受ければ、債務者の貸倒れリ
スクへの保全となる。

　金融機関の中には、個人ローンを自行系列の保証会社に保証させること
がある。この場合、金融機関グループでみればリスクは移転していない。た
だ、系列保証会社の保証を必要とすることにより、債務者から金融機関は金
利を、系列保証会社は保証料を、それぞれ獲得することができる。

不良債権

　金融機関において、回収が困難になる可能性が高い債権。金融機関は、
銀行法や金融再生法等によって不良債権額の開示が義務づけられている。同

債務者		説明
破綻先		法的・形式的な経営破綻の事実が発生している債務者
実質破綻先		法的・形式的な経営破綻の事実は発生していないものの、深刻な経営難の状態にあり、再建の見通しがない状況にあると認められるなど実質的に経営破綻に陥っている債務者
破綻懸念先		現状、経営破綻の状況にはないが、経営難の状態にあり、経営改善計画等の進捗状況が芳しくなく、今後、経営破綻に陥る可能性が大きいと認められる債務者
要注意先		金利減免・棚上げを行っているなど貸出条件に問題のある債務者、元本返済若しくは利息支払いが事実上延滞しているなど履行状況に問題がある債務者のほか、業況が低調ないしは不安定な債務者又は財務内容に問題がある債務者など今後の管理に注意を要する債務者
	要管理先	要注意先のうち、3カ月以上の延滞があるか貸出条件の緩和を受けた債務者
	その他	要注意先のうち要管理先以外
正常先		業況が良好であり、かつ、財務内容にも特段の問題がないと認められる債務者

図表 1　金融検査マニュアルにおける債権者の区分

分類	内容
破産更生債権及びこれらに準ずる債権	破産手続開始、更生手続開始、再生手続開始の申立て等の事由により経営破綻に陥っている債務者に対する債権及びこれらに準ずる債権
危険債権	債務者が経営破綻たんの状態には至っていないが、財政状態及び経営成績が悪化し、契約に従った債権の元本の回収及び利息の受取りができない可能性の高い債権
要管理債権	3カ月以上延滞債権及び貸出条件緩和債権
正常債権	債務者の財政状態及び経営成績に特に問題がないものとして、上記3つの債権以外のものに区分される債権

図表 2　金融再生法の開示債権に関する定義

じ不良債権であっても、状況によって損失の発生可能性が異なるほか、担保・保証によって保全されている部分や、損失見込みに対し貸倒引当金が計上されている部分もある。

　金融検査マニュアルに基づく自己査定によって、貸出は債務者の状況に応じて、正常先、要注意先（このうち特に注意を要する先を要管理先として区別）、破綻懸念先、実質破綻先、破綻先に区分されてきた（**図表 1**）。このうち、要管理先以下に相当する債権は不良債権と認識されている。

　開示対象となる不良債権は、法律ごとに微妙に定義が異なっている。図

表2は、金融再生法の開示債権に関する定義であるが、ここでの要管理債権は、要管理先に対する債権の全てではなく、そのうちの3カ月以上延滞債権や貸出条件緩和債権のみになる（要管理先に対する債権のうち、延滞や条件緩和が発生していない部分は対象外になる）。また債権の範囲も、貸出のみを対象にする場合とそれ以外の債権（外国為替、未収利息等）を含める場合がある。

貸出条件緩和債権

　貸出条件緩和債権とは、債務者の経営再建又は支援を図ることを目的として、金利の減免、利息の支払猶予、元本の返済猶予、債権放棄その他の債務者に有利となる取り決めを行った貸出金。不良債権として開示の対象となる。

デフォルトと貸倒れ

　デフォルトとは、債務不履行のことである。融資に関しては、債務者が倒産した場合は、当然デフォルトになる。もっとも、債務者が倒産していなくても、返済を延滞した場合、約定どおりの返済ができないために貸出条件の緩和を求めてきた場合もデフォルトに含まれる。

　貸倒れは、貸出金などの債権が回収できずに損失となること、または、その損失の金額を指す。貸出条件の緩和は、一種のデフォルトではあるが、返済期間を延ばすといった対応で最終的に回収できるのであれば、貸倒れにはならない。また債務者が倒産した場合でも、貸出が担保で保全されているのであれば損失は発生しないので、貸倒れにはならない。

貸出

　金融機関の貸出は企業向けが中心であるが、個人向け、政府・地方公共団体向け、金融機関向けなどもある。

　個人ローンは個人向けの貸出であり、その中心は住宅ローンである。個人ローンの中には、住宅ローンのほかに消費者ローン（自動車ローン、学資ローン等）がある。個人向けの貸出であっても、賃貸住宅建設のためのものであれば、賃貸事業を目的にした事業性の貸出と認識される。

「〇〇ローン」と名付けられている貸出は、対象先、融資額、金利、融資期間等が定型化されたものが多い。企業向けの貸出は大口になることから、案件ごとに条件を決定するが、個人向けなどの小口多数の貸出は、定型化したローン商品で対応することが一般的である。

金融機関とフィンテック

電子地域通貨やクラウドファンディングは、フィンテック（FinTech）として捉えられる。フィンテックとは、金融（Finance)と技術（Technology)を組み合わせた造語で、金融サービスと情報技術を結びつけた新たなサービスを指している。また、そうした新たな金融サービスを提供するベンチャー企業を指すこともある。

現在の日本で展開されている主要なフィンテックについては、カオスマップ（特定の業界に絞って、企業やサービスのロゴをカテゴリー別に示す一覧）で見ることができる（図表1）。

フィンテックには、決済、仮想通貨、融資、会計、個人財産管理、資産運用、クラウドファンディングといった様々なものがある。以下では、プロジェクト紹介編で取り上げたキャッシュレス決済とクラウドファンディングについて解説する。

図表1　フィンテックカオスマップ（提供：MAStand)

キャッシュレス決済

カオスマップをみると、フィンテックの中でも決済・送金分野に多くの

企業が取り組んでいることが分かる。

　キャッシュレス決済は、フィンテックが注目を浴びる以前から、取り組まれてきた。預金を使った振込み、クレジットカードやデビットカード（預金残高から直接引き落とされるカード）、電子マネーは、いずれもキャッシュレス決済である。

　クレジットカードが後払い、デビットカードが即時払いであるの対し、電子マネーは前払い（プリペイド）になっている。また、電子マネーの決済方法には、SUICAなどの交通系カードのように専用端末にタッチするだけで完了する非接触型決済のほかに、店頭にあるQRコードをスマートフォンで読み取るQRコード決済などがある。

　近年、「〇〇ペイ」との名称を持つ、キャッシュレス決済が急速に拡大したが、そのほとんどがQRコード決済である。QRコード決済のメリットは、カードリーダーのような端末の導入が不要なことである。店舗側はQRコードだけを用意すればいいので、導入コストがほとんどかからない。中国では、この導入コストの低さと現金の使いづらさから、アリペイやウィチャットペイといったQRコード決済がスマートフォンの普及とともに急速に拡大し、キャッシュレス社会が実現した。

　一方、日本はそもそも現金の利便性が高い（狭い地域にATMが数多く設置されていて現金が取得しやすいほか、紙幣の汚損が少なく偽札も少ないなど現金の信頼性が高い）ほか、クレジットカードも普及していることに加え、SUICAなどの非接触型決済もあった。QRコード決済は、それらの決済に比べ、消費者からみた利便性は必ずしも高くはない。それにもかかわらず、QRコード決済はPayPayに代表される新規参入業者が思い切ったポイント還元策（実質的な割引施策）を行ったことにより、一定の普及をみている。PayPayなどが、大きな持ち出しを覚悟して市場シェアを確保しようとしているのは、決済ビジネスの採算にとって規模（シェア）が重要であるほか、決済から得られるデータをマーケティングなどに活用しようとの意図があるからだ。

電子地域通貨

　Case 8で、さるぼぼコインは電子地域通貨の成功事例として取り上げら

れている。もっとも、多くの地域で地域活性化の名の下、電子地域通貨の導入が試みられたが、ほとんどうまくいっていない。

決済サービスにおける収入は、利用者からの数％の手数料である（手数料収入は、消費者側からではなく主として事業者側からの支払いに頼っている）。決済サービスは、初期投資が大きいインフラサービスであり、一定以上の規模で利用されることによってそのコストを回収することができる。

ところが、電子地域通貨は利用地域の範囲が最初から限定されている。すなわち、電子地域通貨は「利用者の多さが重要な初期投資負担の重い事業であるにもかかわらず、その利用範囲が始めから限定されている」とのジレンマを抱えている。

また、消費者側からみて、決済手段が多様であることは、必ずしも便利なことではない。様々なキャッシュレス決済方法を状況に応じて変えることには、面倒さを感じる人が多いであろう。したがって、地域独自の決済手段が「便利」と感じられることのハードルは高い。このように、電子地域通貨は、そもそも一般的には成功することが難しいサービスなのである。

こうした中、さるぼぼコインが一定の成果を上げているのには、以下の点が要因として上げられる。

①早期の普及

さるぼぼコインについては、他の電子マネーの普及に先駆けて取り入れられた。消費者は、たくさんの〇〇ペイを使いこなしたいわけではないので、最初に使い慣れたものを使い続けることになる。早い段階で、割引機能を付与したQRコード決済を地域内で一気に普及させたことが、さるぼぼコインの成功の背景となっている。

②飛騨地域の地理的条件

1日の間に数カ所を周遊している場合、そのうちの1カ所だけで決済手段が異なると、「わずらわしい」と感じるはずである。都市圏から近い中途半端な田舎の地域通貨には、そうした問題が生じる。

飛騨地域は、その中心都市である高山に行くのにも、名古屋からさらに数時間がかかる。日帰りで他の地域に移動することが難しい地域である。この飛騨地域における陸の孤島的な環境は、さるぼぼコインを「テーマパークの中だけで使えるクーポン」と同じような位置づけにしている。1日中、飛

騨地域で消費を行うのであれば、その最初の段階で「お得なさるぼぼコイン
をチャージしてみよう」との気持ちにもなるのだと思われる。

③個人間決済の取り込み

　電子マネーの中には、個人間決済ができるものとできないものがある。
消費者の場合、資金決済の場面は主に「支払い」なので、「受取り」を想定
した準備をしていない。店舗への現金支払いは、店舗側が釣り銭を用意して
おいてくれるので、問題は生じない。しかし、友人同士で食事に行った際の
割り勘などの局面で、釣り銭を用意していない個人同士の現金決済は、途端
に面倒なものになる。

　このように、個人間決済においては現金には課題があるため、キャッシュ
レス決済の潜在ニーズは高い。したがって、電子マネーが個人間送金に対応
しているサービスかどうかは、利便性の面で重要である。さるぼぼコインは
この個人間決済の機能も備えていた。

暗号資産（仮想通貨）

　ブロックチェーンを活用し、経済主体間での譲渡が可能な暗号資産につ
いては、決済手段としての活用が意識された時期もあったが、投資対象と
なっているケースがほとんどである。資産と言っても、株式や債券のように
配当や利息を生むものではないので、FXや商品先物と同じ類の金融商品と
考えるべきである。

　暗号資産の普及途上においては、社会的な認知が拡がるにつれ、資金が
流入し、大幅な価格上昇がみられ、初期の投資家がキャピタルゲインを享受
していた。また「国家を背景にしていない通貨」との認識から、国際情勢の
不安に伴い価格が上昇したりするが、この点は金などの商品でも同様であ
る。

　管理体制が不十分であることによる暗号資産交換所におけるハッキング
事件の発生や破綻、ICO（Initial Coin Offering：暗号資産の発行による
資金調達）などに絡む詐欺の多発もみられていたが、近年において規制を整
えつつある。また法定通貨との誤認防止のため、法令上の呼称は仮想通貨で
はなく、暗号資産となった。

クラウドファンディング

　クラウドファンディングは、「群衆（crowd）」からの「資金調達（funding）」であり、インターネット経由で不特定多数の人から資金を調達することである。

　クラウドファンディングの類型は、①寄付型（ウェブサイト経由での寄付募集）、②購入型（資金調達の見返りとしての商品やサービスの提供。例えば、「新商品の開発資金提供者には、その新商品を送ります」といったもの）、③貸付型（ウェブサイト経由での借入資金の調達。ソーシャルレンディング）、④投資型（ウェブサイト経由での投資など）に分けられる。

　現在、プレゼンスが高いのは、CAMPFIRE、Makuake、Ready for といった購入型を中心としたクラウドファンディングである。

　クラウドファンディングのサイトでは、寄付型のみならず、購入型、投資型であっても、投資家による事業への共感がファンディングの成功（＝予定額の資金調達）の鍵となっている。このため、いずれの類型であっても、プロジェクトを企画した事業者の思いが写真入りで、分かりやすく説明されている。クラウドファンディングのサイトにくる投資家は、単純な購買、資金運用というよりは、事業の社会的なインパクトなどに重点を置いて投資先を決定している。こうした個人における投資を通じた社会貢献意識は、銀行などの伝統的な金融機関がこれまで十分に捕捉できていなかったニーズである。

　また、クラウドファンディングを活用することによって、本格的に商品・サービスを供給する前段階での市場の反応をみることもできる。こうしたクラウドファンディングが持つマーケティング的な機能を活用し、「金融機関が創業期の企業を本格的に融資などで支援する際に、新規性のある商品・サービスが世の中に受け入れられるかをクラウドファンディングでの反応によって評価する」といったことも行われている。

Topics 5　金融機関による事業者支援

　金融機関では、預金を預かり貸出をする伝統的な金融サービスだけでは、ビジネスが成り立たなくなりつつある。そうしたなか、創業支援、事業承継支援、M＆Aの仲介、事業再生支援、ビジネスマッチングといった事業者支援に力を入れる金融機関が増えてきた。

　本書で取り上げている地域活性化の取り組みもその延長線上にある。しかし、金融機関にとって、本業と位置づけられている企業向けの融資に対し、事業者支援は、まだ付随的なビジネスと位置づけられている。このため、対応する部署も本部の専門部署が中心であり、営業店に全面展開している金融機関は少ない。営業店が顧客企業の課題を本部専門部署につなぐ役割を担い、本部が具体的なソリューションを提供する、との構図が一般的である。

　こうした事業者支援で活用されている金融機関の潜在的な資源が取引先ネットワークである。日本の企業のほとんどが日本の金融機関に預金口座を持ち、日本の企業の多くが日本の金融機関から融資を受けている。どこかの企業がどこかの金融機関とつながっている。地域金融機関が地元に持つネットワークの潜在価値は大きいが、融資の申込みを待って、審査して貸すだけでビジネスが成り立っていた時代には、有効活用されてこなかった。新たな事業を立ち上げ、軌道に乗せていかねばならない事業者に足りないものはたくさんある。金融機関自体がそれを埋めることができなくても、対応できる企業や専門家を探してつなぐことはできる。

創業支援

　従来、創業融資の分野においては、日本政策金融公庫が圧倒的なプレゼンスを有してきたが、近年においては、民間金融機関の積極的な姿勢が目立つようになってきた。既存企業の廃業が進むなかで、新たな事業が生まれなければ地域の活力は失われてしまう、との危機意識の表れといえる。

　地域の創業支援機関には、日本政策金融公庫の支店や民間金融機関のほかにも、地元自治体、商工会議所・商工会などがある。それぞれの機関およ

びそこに所属する創業支援の担当者によって得意分野が異なる上に、それぞれの機関が創業支援に割けられる資源は限られている。地域でうまく事業の立ち上げをサポートしていくには、これらの支援機関同士が連携し、足りない部分を補い合いながら、対応していく必要がある。

　民間金融機関で展開されている創業支援策は、創業融資にとどまらず、創業支援セミナー、創業塾、事業計画策定支援などに広がってきている。本書で取り上げている事例も、広い意味では、そうした創業支援に含まれるものが多い。ただ、本書で紹介してきた事例には「相談があったから対応する」といった立場から一歩踏み出して、金融機関自らが、持っているネットワークを活用し、仕掛けていくものとなっている。そこには、地域の活性化に取組む金融機関のより強い危機意識が反映されている。

事業承継支援

　企業経営者が高齢化していく一方で、後継者となる人材が不足していることにより、廃業する企業が増えている（図表1）。今や企業の消滅事由は、自主的な休廃業・解散が倒産の数倍の規模となっている。

（単位：件）

年	休廃業・解散	前年比	倒産	前年比
2013	34,800	13.7%	10,855	-10.5%
2014	33,475	-3.8%	9,731	-10.4%
2015	37,548	12.2%	8,812	-9.4%
2016	41,162	9.6%	8,446	-4.2%
2017	40,909	-0.6%	8,405	-0.5%
2018	46,724	14.2%	8,235	-2.0%
2019	43,348	-7.2%	8,383	1.8%

図表1　休廃業・解散・倒産件数の年次推移（出典：東京商工リサーチの資料から筆者作成）

　地域の事業の減少は、地域金融機関の基盤の縮小につながる。また、事業承継時には、後継者に譲渡される株式を買い取るための資金や、株式相続に伴う税金を支払うための資金の借入が必要になるなど、金融的な課題に波及することが多い。金融機関にとって、事業承継支援は地域経済の基盤維持とともに、新たなビジネスにつながるものである。

　金融機関が事業承継支援を展開していく上で難しいのは、廃業ができる企

業は借入が少ないか全くない先が多く、金融機関との付き合いが薄いため、金融機関側で廃業可能性の高い企業を見つけにくいという点である。企業側が「事業承継は金融機関に相談できる」との認識を持っておく必要がある。

　中小企業の事業承継における最大の問題は、経営者自身の事業承継に対する意識の低さである。多くの経営者が、自らがいなくなった後の事業の継続について、頭の片隅で考えてはいても、具体的に備えることを怠っている。「そろそろ、あなたが経営者をやめるための備えをしましょう」とは、支援する側からは言いづらい。せっかく育てた事業を長くつなげていくためには、経営者自身がまずは誰かに相談する必要がある。

　中小企業の場合、主たる後継者候補は経営者の息子などの親族になるが、息子が異なる地域で別の職業に就いていることもある。次の候補としては、長年会社を支えてきた番頭的な位置づけの従業員になるが、株式の取得資金が必要になることに加え、企業の借入に対し経営者保証を求められることが多いため、そうしたリスクを取ることを忌避されるケースが多い。そうした場合、全く異なる企業に事業を譲渡するM&Aも選択肢となる。金融機関では、M&Aをサポートすることにより、仲介手数料を獲得することに力を入れている先もある。事業承継支援も金融機関が取引先ネットワークを活用して対応するビジネスとなっている。

事業再生支援

　既存の事業が立ち行かなくなり、借入も返済の見通しが立たなくなった場合、企業は倒産することになる。そこまでの状況に陥る前に取引先金融機関の協力が得られれば、事業を再生することも可能であり、金融機関の中には事業再生支援に力を入れている先もある。金融機関による事業再生支援は、借入の返済の見通しが立たなくなった企業に対し、返済の猶予や場合によっては債務を免除するなどして、再建に協力するというものである。

　企業が約定通りの借入返済ができない場合、本来であれば倒産を余儀なくされる。リーマンショック後の2009年に試行された中小企業金融円滑化法は、経済危機に対応し、中小企業の返済条件の変更に金融機関が協力することを定めたものである。金融円滑化法は時限立法であり、2013年に終了したが、その後も同法の精神は引き継がれており、今でも多くの金融機関

が返済猶予に柔軟に対応している。

　金融機関は返済の猶予までには柔軟に対応しても、債務の免除を簡単に了承することはない。金融機関の融資の資金は、数多くの預金者が安全・安心を信頼して預けているものである。金融機関に「貸した金を返さなくてもいい」という考え方はない。

　しかし事業の状況によっては、借入を返済できない場合がある。いたずらに返済を猶予するだけで倒産を待つよりは、思い切って債務を免除して事業の構造を改革し、再生させることが地域や社会にとってプラスになる。そうした大義が認識できる場合には、金融機関も事業再生に協力ができる。

　債務免除（金融機関側からみると「債権放棄」）を伴う事業再生は、債権者となる金融機関全先の合意が前提となる。一先でも反対する場合は、私的整理である事業再生は成立せず、法的整理である倒産に移行する。また、事業の構造の改革には、多くの場合、経営者を交代させて不採算事業を縮小し、採算が見込める事業に資源を集中して従業員のやる気を活性化させるなどの対応が図られる。

　事業再生に最低限必要なのは、企業経営者の誠実さである。事業の継続が困難化した責任の多くは、経営者自身にある。その責任を逃れ、今ある地位にしがみつこうとする経営者の企業を再生させることは難しい。経営者自身が、辞任および場合によっては自己破産することも覚悟の上で、事業の継続を相談できるのであれば、それに応えてくれる金融機関はあるはずだ。

ビジネスマッチング

　ビジネスマッチングは、金融機関が取引先企業に、新たな販売先や仕入先を紹介するサービスである。販路を拡大し、売上を増やしていくことは、資金繰り以上に企業の課題となっている。金融機関は、取引先ネットワークを使って、取引先同士を紹介することによりこうした課題を解決できる。

　取引先を集めた商談会などを主催する金融機関も多い。商談会は、ビジネスマッチングのイベントとしては分かりやすいが、場を提供するだけのものも多く、個々の企業同士を金融機関が直接つなぐものではない。

　九州南部の地域銀行の中には、販路開拓支援を本業として展開している先がある（南日本銀行、豊和銀行、宮崎太陽銀行）。これらの地域銀行では、

場を提供するだけでも、紹介をするだけでもなく、銀行自らが取引先の商品の営業を行っている。そうした活動によって実際に売上が上がれば、その一定割合を手数料として取得するといった契約を支援先と結んでいる。これらの銀行では、手数料による収入だけでなく、支援先の売上が拡大したり買い手となる企業の仕入が増えたりすることによって資金需要が拡大し、貸出が増えている。また、販売支援先は借入金利の引き下げを要請しない傾向があるため、貸出利回りの低下も防げている。これらに加え、資金繰りを超える支援に対する関係者達の感謝が、支援に取り組む金融機関職員のやりがいにつながっている。

おわりに

　私たちが生活している現代社会、とりわけ、私たちの生活の足場である地域社会において、人口減少や高齢化をはじめとする社会課題が併存するなかで、様々な制度やシステムが転換期を迎えようとしている。

　「地域」と一言で言っても、文化や風土、あるいはそれまでの歴史的背景や政治的バランスなどを踏まえれば、１つとして同じ場所は存在していない。だからこそ地域固有の問題に対して真に向き合い、その地域に関わる人たち自身がいかに主体的に活動していくかが問われている。

　本書では、主に地域金融機関が地域の主体の１つとなりながら、社会的・経済的問題に対して展開している独自の解決策と、そのスキームを紹介してきた。行政や民間企業だけでなく、金融機関こそ、地域に根ざした課題に寄り添い、あらゆる立場の人たちを巻き込みながら、持続可能なまちの経済圏をそれぞれにつくりだそうとする重要なプレイヤーの一翼を担っていることが理解できるはずだ。

　ここで言う「経済」、英語で "economy" は、古代ギリシャ語で "オイコノミア（οικονομία）" がその語源であり、「共同体」という意味を持つ。つまり、共同体で暮らす人たちが豊かに暮らすための仕組みを表す言葉である。同じように、金融という仕組みもまた、ただ「お金を預けたり、借りたりする場所」ではなく、組織や共同体を維持するための重要な役割あるいは機能として生まれ、発展してきた。その原型とされるものには古今東西様々なものがあるが、例えば日本では今なお全国各地に残る「無尽（講）」（他にも「頼母子（講）」や沖縄では「模合」など、地域によって類似した仕組みの呼び名がある）にその歴史の一端を見ることができる。

　無尽（講）は鎌倉時代にその端緒があるとされており、冠婚葬祭や火事などの事故で急にまとまったお金が必要な時に備えた、相互扶助の仕組みである。「講」と呼ばれる組織に加盟している構成員が、月に１度集まり、金を出し合って宴会をしつつ、別に集めた金を積み立てて、構成員で順番に使っ

たり全体の目的のために支出したりする風習のことである。江戸時代以降になると、伊勢神宮へのお伊勢参りを目的とした「伊勢講」や富士山への登頂を目的とした「富士講」なども結成されるようになったとされる。

　このように、もともとは金銭の融通そのものよりも、相互扶助による構成員同士の縁を大切にする活動が、金融という仕組みの存在意義において大きな一角を占めていたと考えられる。こうした組織による活動が基盤にあることで、人付き合いが保たれ、互いの状況を確認し合うことができ、ひいては共同体の安定や不測の事態に対応するセーフティネットとして機能していたのだ。

　翻って現在の地域金融機関は、このような相互扶助の精神という金融の１つの原点に改めて立ち戻りながら、持続可能な共同体を再生していく仕組みを、現代的な文脈のもとで組み直していく時にあるといえるだろう。もちろん、資金の重要性も忘れてはいけない。金融機関が持つ資金やネットワーク、その基盤にある相互扶助とそれらを支える金融システムを組み合わせながら、時代に沿ったこれからの金融機関のあり方を見出していく必要がある。

　様々な課題が顕在化するなかで、政治や行政が主導するだけでは、もはや地域社会は立ちゆかなくなってきている。筆者（江口）は以前、共著者として執筆した『日本のシビックエコノミー』（フィルムアート社、2016年）において、地域課題への対応策として、主に市民主導で新たな経済圏を生み出そうとする地域事業の取り組みについてまとめた。これに対して本書はいわば、同様に持続可能な経済圏を地域で実現しようとする様々な事業について、特にリソース（資源）の調達と課題解決のスキームやフレームワークに着目して捉え直そうとしたものである。ここでいう「リソース」とは、単に経済的な意味にはとどまらない。社会関係資本のように、目に見えない人々同士のつながりをも内包したものである。

　金融機関のレゾンデートル（存在理由）である「信用」は、その信用を糧に必要とされる適切な「リソース」を地域に投入し、事業者や行政、時には域外の人材を適材適所でつなぎ、課題解決を推進してゆくための核になるものである。地域金融機関が主体的に行動することで生まれる経済的・社会関係的な資本の再構築は、持続可能な地域づくりに向けて欠かせない要素だ。

　2017年に筆者が発足に関わった「シビックエコノミーと信用組合の新しい関係に関する研究会」は、こうした考えのもとで企画されたものである。

この研究会を通じて、課題意識を強く持った信用組合の理事長の方々とともに、地域コミュニティと金融機関の新たなあり方について議論することができた。この経験は、市民や民間企業による主体的な活動だけでなく、金融や行政も含めた地域のステークホルダー同士がより深く連携することによって、地域のより良い未来を構築する術が見出せるはずだという確信につながった。

　そうした確信のもと、共著者である山口氏とともにまさに二人三脚で取り組んだ本書の取材・執筆を通して、地域づくりの未来を考える上での様々なスキームや各ステークホルダーに求められる役割への認識はさらに明確となった。

　もちろん、本書で取り上げている取り組みはごく一部でしかない。今後、時代の変化とともに内実が変わることもあるだろう。折しも、本書を仕上げるタイミングで新型コロナウイルス感染症（COVID-19）が蔓延し、私たちの日常生活は激変した。各地域の事業にも大きく影響を与えており、特に観光業や飲食業は大きな変化を余儀なくされている。読者の皆さまにおかれては、本書を単なる成功事例集として捉えるのではなく、紹介されている地域プロジェクトの事業体制や遂行スキームの背景にある考えや構造、行政の政策や地域ビジョン、そしてそこに関わるステークホルダーの役割や関わり方をじっくりと理解した上で、自らが関わる地域において、その地に固有の資源を活用しながら、独自の活動を生み出してゆくための構想の源泉として活用してもらいたい。

　あなたの地元にも、熱い思いを持って地域に関わろうとしている金融機関や職員は必ずいる。ぜひこの本を片手にまちを練り歩き、地域の未来を語り合う場を設けてほしい。そして、共同体の基盤である相互扶助の精神に基づいて、行政も民間企業も金融機関も互いの壁を越え、どのような挑戦が地域でできるか知恵を出し合い、地域の持続可能な経済循環づくりという共通の目標に向かって、新たな一歩を踏み出してほしい。本書がその一助となれば幸いである。

2020 年 8 月吉日

江口晋太朗

謝辞

　本書の企画・制作は、金融業界出身の山口と、まちづくりや都市政策の分野で活動する江口という、異なる入口から穴を掘っていた者同士が同じ場所で出会ったことでスタートした。そして執筆過程で出会った多くの方々との意見交換や議論を踏まえて、本書は成り立っている。

　本書における各事例の紹介にあたっては、地域事業の取り組みや地域金融機関の活動を丁寧に取材するという目的から、地域金融機関や、自治体・行政関係者、地域事業を行う民間企業やNPOのほか、それらを支援する団体の方々なども含めた様々な立場や役割の方々に話を伺った。単一の視点ではなく、多角的に地域事業やプロジェクトを見ることで、その地域の課題やアプローチ方法を立体的に理解することができる。こうした方々の協力や支援なくしては、本書を完成させることができなかっただろう。

　取材や原稿確認の過程では、秋田県信用組合の北林貞男氏、藤原保氏、しらかみファーマーズの小林郷司氏、太陽光発電どじょうの杉沢勝博氏、北都銀行の斉藤永吉氏、佐藤貴幸氏、ウエンティ・ジャパンの佐藤裕之氏、朝日信用金庫の竹尾伸弘氏、民間都市開発推進機構の村瀬慶太氏、たいとう歴史都市研究会の椎原晶子氏、まちあかり舎の水上和磨氏、但馬信用金庫の宮垣健生氏、宮崎一隆氏、宵田商店街の兼先正雄氏、豊岡市役所の若森洋崇氏、山形銀行の石山洋氏、ヤマガタデザインの山中大介氏、長岡太郎氏、総務省の井上貴至氏、鹿児島相互信用金庫の野添政一郎氏、白石俊栄氏、塩沢信用組合の小野澤一成氏、飛騨信用組合の黒木正人氏、古里圭史氏、第一勧業信用組合の新田信行氏、篠崎研一氏はじめ連携企画部の皆様、齋藤浩行氏、渡邊恵美氏、サイボウズの永岡恵美子氏、空色ことばの松田美紀氏、LLPことば屋の柄沢恵子氏、八十二銀行の中尾大介氏、広島銀行の井坂晋氏、淺野晃平氏、中国銀行の吉田明弘氏、瀬戸内ブランドコーポレーションの藤田明久氏、冨原貴大氏、山根豪太氏、せとうち観光推進機構の金平京子氏、大西達也氏、日本銀行の濱田秀夫氏、その他多くの方々に、ご多忙の中、何度も

お話を伺ったり、メールのやりとりをさせていただいたりした。この場を借りて感謝申し上げたい。

このほか、筆者らが参加している地域活性学会金融部会、地域デザイン学会、熱い金融マン協会、シビックエコノミーと信用組合の新しい関係に関する研究会の皆様と、地域活性と地域金融機関のあり方について交わしてきた議論は、本書の骨格にもなっている。感謝申し上げたい。

そして、筆の遅い筆者らに常に伴走しながら、本書の企画から編集、構成など細かい作業を一手に担ってくれた学芸出版社の松本優真氏には感謝申し上げる。松本氏と2人の著者の、まさに3人でつくり上げた1冊と言っても過言ではない。

なお、時間や紙面の都合などにより、本書で取り上げられなかった事例も数多くある。また、内容について異論やご指摘があるかもしれない。記載された内容に関する責任はすべて筆者にある。読者諸賢の忌憚ないご意見・ご感想を俟ちたい。

2020年8月吉日

山口省蔵・江口晋太朗

〈著者略歴〉

山口省蔵（やまぐち・しょうぞう）
株式会社金融経営研究所所長。2018 年に金融機関向けのコンサルティング会社として同社を設立。「熱い金融マン協会」を主宰。元・日本銀行金融高度化センター副センター長。日本銀行在職中は、金融機関職員向けに新たな事業金融手法に関するセミナー等の企画を担当した。共著書に『営業店マネジメントの実務』（経済法令研究会）、『信用保証制度を活用した創業支援』（中央経済社）。

江口晋太朗（えぐち・しんたろう）
株式会社トーキョーベータ代表取締役。編集者、ジャーナリスト、プロデューサー。各地の地域プロジェクトの取材・執筆経験多数。金融庁や信用組合関係者で構成する「シビックエコノミーと信用組合の新しい関係に関する研究会」メンバー。著書に『孤立する都市、つながる街』（日本経済新聞社）、『日本のシビックエコノミー』（フィルムアート社）ほか。

実践から学ぶ地方創生と地域金融

2020 年 9 月 15 日 初版第 1 刷発行

著者	山口省蔵・江口晋太朗
発行者	前田裕資
発行所	株式会社 学芸出版社
	京都市下京区木津屋橋通西洞院東入
	電話 075-343-0811 〒 600-8216
	http://www.gakugei-pub.jp/
	info@gakugei-pub.jp
編集担当	松本優真
装丁	中川未子（よろずでざいん）
DTP	梁川智子（KST Production）
印刷	イチダ写真製版
製本	山崎紙工

世界の地方創生　辺境のスタートアップたち

松永安光・徳田光弘 編著
四六判・224 頁・本体 2000 円＋税

世界の山村、農村、旧市街地で小規模ビジネスや自前の公共事業に踏み出す人達がいる。森林資源への拘り、まちぐるみの宿、風土に根差す美食ビジネス（ガストロノミー）、ラーニングツーリズム、ビジネスとしてのアート、小さな公共事業、街区や建物のリノベーション。寂れる地域を再生するための取り組みを各地からレポート。

強い地元企業をつくる
事業承継で生まれ変わった 10 の実践

近藤清人 著
四六判・224 頁・本体 2000 円＋税

いま地方の中小企業は、事業の衰退と世代交代に苦しんでいる。そんななか、ソーシャルマインドを持った若い後継者が、地域資源を活かし、家業を生まれ変わらせ、地元にも貢献する動きがある。本書では、製造業、建設業、酒造業など 10 の事例を紹介しながら、地元企業の自立を促す承継手法と、地域での連携を明らかにする。

地場産業＋デザイン

喜多俊之 著
A5 判・160 頁・本体 1800 円＋税

小さくとも技術力のある産業に、ハイセンス・高品質のオリジナル製品が備われば、低価格競争を超えて世界で認められる。日本のトップデザイナーが、衰退する各地の地場産業・伝統工芸を現代の生活スタイルに結びつけ、再生をめざした 6 地域の事例。デザインからプロモーションまで携わり、職人達と挑戦した 40 年間の試みの全貌。

伝統の技を世界で売る方法
ローカル企業のグローバル・ニッチ戦略

西堀耕太郎 著
四六判・200 頁・本体 2000 円＋税

廃業寸前の和傘屋を継承して売上を 50 倍に復活させ、伝統的和傘の継承のみならず、その構造・技術を活かしたデザイン照明を海外 15 ヶ国で展開する著者が、海外パートナー・バイヤーと連携した商品開発・販路開拓でグローバル・ニッチ・トップを目指す独自の手法を紹介。伝統の技術で海外に活路を求める中小事業者必読の一冊。

地域産業のイノベーションシステム
集積と連携が生む都市の経済

山崎朗 編著

A5 判・224 頁・本体 2500 円＋税

企業・行政・研究機関が連携して特定の産業を育成し地域全体の発展を目指す産業クラスター論。その実例を分析した地域経済・政策の教科書。今や地域産業の発展には技術革新だけでなく、それを取り巻くネットワークの創造性が欠かせない。神戸・福島の医療機器、九州の半導体、各地の航空宇宙産業、福岡の創造都市戦略に迫る。

リノベーションまちづくり
不動産事業でまちを再生する方法

清水義次 著

A5 判・208 頁・本体 2500 円＋税

空室が多く家賃の下がった衰退市街地の不動産を最小限の投資で蘇らせ、意欲ある事業者を集めてまちを再生する「現代版家守」（公民連携による自立型まちづくり会社）による取組が各地で始まっている。この動きをリードする著者が、従来の補助金頼みの活性化ではない、経営の視点からのエリア再生の全貌を初めて明らかにする。

まちの価値を高めるエリアマネジメント

小林重敬・一般財団法人森記念財団 編著

A5 判・208 頁・本体 2300 円＋税

東京や大阪等の都心部再生で脚光を浴びるエリアマネジメントが、地域再生法改正により全国各地でさらに取組みやすくなる。どういう考えに基づき、誰が中心となって、どんな活動をしているのか。どうして街路等の公共空間を使って活動できるのか。地域の組織と行政の役割分担は。疑問に答える第一人者によるやさしい手引き。

DMO　観光地経営のイノベーション

高橋一夫 著

A5 判・216 頁・本体 2400 円＋税

観光地域づくりの舵取り役としてマーケティングとマネジメントに取り組む組織「DMO」。DMOの研究と実践に取り組んできた著者が、観光地経営のプロ組織としてのDMOを、海外と日本の先進事例を踏まえて紹介。地方創生に向けた観光振興の中心施策として続々と誕生する日本版DMOの確立・運営のポイントを導く。

建築・まちづくり・
コミュニティデザインの
ポータルサイト

✎WEB GAKUGEI
www.gakugei-pub.jp/

学芸出版社 ─ Gakugei Shuppansha

- 📄 図書目録
- 📄 セミナー情報
- 📄 電子書籍
- 📄 おすすめの1冊
- 📄 メルマガ申込(新刊＆イベント案内)
- 📄 Twitter
- 📄 Facebook